AF548124

Jutta Koslowski

Erinnerungen an Dietrich Bonhoeffer

Jutta Koslowski

Erinnerungen an Dietrich Bonhoeffer

Entdeckungen in den Aufzeichnungen seiner Schwester Susanne

adeo

Inhalt

Es gibt erfülltes Leben
*trotz vieler unerfüllter Wünsche.**
Dietrich Bonhoeffer

Einleitung

Dietrich Bonhoeffers Leben fand am 9. April 1945, in den letzten Tagen des 2. Weltkriegs, im KZ Flossenbürg ein jähes Ende. Sein Leben ist Fragment geblieben.[1] Dennoch war es keineswegs ohne Wirkung – im Gegenteil: Noch heute, fünfundsiebzig Jahre nach seinem Tod, ist das Interesse an Leben und Werk von Bonhoeffer[2] ungebrochen. Was immer an schriftlicher Hinterlassenschaft von ihm die Zeit überdauert hat, wird akribisch im Archiv der Staatsbibliothek in Berlin gesammelt und dokumentiert;[3] ein großer Teil davon liegt in der sorgfältigen wissenschaftlichen Edition ‚Dietrich Bonhoeffer Werke' in insgesamt 17 Bänden vor.[4] Neben der gewichtigen Biographie seines engen Freundes und Wegbegleiters Eberhard Bethge[5] und dem kenntnisreichen Œuvre von Ferdinand Schlingensiepen[6] ist noch umfangreiche weitere Sekundärliteratur zu Bonhoeffer erschienen.[7] In letzter Zeit haben die beiden US-Amerikaner Eric Metaxas[8] und Charles

Marsh[9] durch neue Veröffentlichungen von sich reden gemacht.

Was jedoch fehlt und von der großen ‚Bonhoeffer-Gemeinde' schmerzlich vermisst wird, ist eine *Autobiographie* Dietrich Bonhoeffers. Sein Lebenslauf war so abwechslungsreich und bedeutungsvoll, seine theologische Einsicht so mutig und tief und seine literarische Begabung so groß, dass ein solches Buch gewiss einen großen Gewinn bedeutet hätte. Leider war es aufgrund seines vorzeitigen und gewaltsamen Todes nicht möglich, dass Bonhoeffer seinen Lebenslauf für die Nachwelt festhielt – er hat sein Leben nicht *aufgeschrieben*, sondern *aufgegeben*.[10] Jedoch wird diese Lücke in gewisser Weise gefüllt durch die Lebenserinnerungen seiner jüngsten Schwester Susanne, die nun endlich in gedruckter Form zugänglich sind.[11]

Über die Person von Susanne, geborene Bonhoeffer, verheiratete Dreß, über die Entstehung ihres Manuskripts und dessen weitere Geschichte bis hin zur Veröffentlichung und über die besondere Qualität und Bedeutung dieses Textes gibt die Einleitung zu ihren Lebenserinnerungen ausführlich Rechenschaft,[12] sodass dies hier nicht wiederholt werden soll. Zweifellos hat die Autobiographie von Susanne Dreß ihren eigenen Wert. Aber natürlich interessieren sich viele Leser auch besonders dafür, was in ihrem Text über Dietrich Bonhoeffer (Neues) zu erfahren ist. Und das ist eine ganze Menge: Dietrich scheint unter den vielen Geschwistern der zehnköpfigen Familie derjenige gewesen zu sein, der Susanne am nächsten stand und mit dem sie vieles verband – nicht zuletzt die Leidenschaft für den christlichen Glauben, der in der Familie Bonhoeffer ansonsten eher zurückhaltend gepflegt wurde. Die vier Töchter waren hoch gebildet und hatten vielseitige Begabungen; sie heirateten jedoch alle früh und schlossen (anders als ihre Mutter!) keine Berufsausbildung ab. Die Söhne und Schwiegersöhne folgten den Fußspuren des verehrten Vaters und wurden Naturwissenschaftler oder Juristen – nur Dietrich, der jüngste Sohn, wich von diesem vorgezeichneten Weg ab und wurde Theologe. Susanne heiratete einen Studienfreund von Dietrich (nicht ohne dessen Zutun[13]) und war Zeit ihres Lebens als Pfarrfrau äußerst aktiv. So führte sie in gewisser Weise das Vermächtnis von Dietrich Bonhoeffer fort.[14] Und in ihren Lebenserinnerungen – womit sie sich nachträglich den großen Traum erfüllte, der sie schon seit Kindertagen bewegt hatte, nämlich Schriftstellerin zu werden[15] – finden sich zahlreiche Bezüge auf Dietrich. Auf den 825 Druckseiten ihres Werkes wird er mehr als 150 Mal erwähnt, sodass dieser Text eine unschätzbare Fundgrube für die

Bonhoeffer-Forschung bietet, an der in Zukunft kein Biograph mehr vorbeigehen sollte.

Die Hinweise auf Dietrich Bonhoeffer stehen freilich im Zusammenhang mit den Schilderungen aller anderen Familienmitglieder und sind über das gesamte Werk verstreut. Deshalb sollen sie hier systematisch zusammengestellt werden. Es werden *alle* Belege im Text (nicht in den Anmerkungen) mit einer namentlichen Erwähnung von Dietrich Bonhoeffer ausgewertet (mit der Ausnahme von fünf Stellen, wo sein Name lediglich in einer Aufzählung vorkommt[16]). Dabei folge ich im Wesentlichen der Reihenfolge im Text, woraus sich eine gewisse *chronologische* Abfolge ergibt. Außerdem werden verwandte Themen zusammengefasst, sodass neben der chronologischen Ordnung auch eine *systematische* entsteht. Auf diese Weise wird deutlich, dass die Nachrichten über Dietrich in Susannes Werk (entsprechend der Text-Gattung Biographie) in der Hauptsache *biographischer* Natur sind; wir erfahren kaum *direkt* etwas über das *theologische* Denken Bonhoeffers. Jedoch stehen Glaube und Leben in engem Zusammenhang, und gerade die *persönliche Glaubwürdigkeit* Bonhoeffers (der für seine Überzeugungen mit dem Preis seines Lebens bezahlt hat), ist der Grund dafür, dass er noch heute für viele Menschen Orientierung bietet – Theologen und

‚Laien' gleichermaßen. Insofern soll im Folgenden gezeigt werden, dass wir aus Susannes Lebenserinnerungen vieles über *Persönlichkeit und Charakter* von Dietrich Bonhoeffer entnehmen können, und dass sich daraus auch *indirekt* Schlussfolgerungen über seine Theologie ziehen lassen.

Weiterhin wird deutlich, dass wir durch die Aufzeichnungen von Susanne kaum einen ‚anderen' Bonhoeffer kennenlernen als denjenigen, dessen Bild sich in den vergangen Jahrzehnten etabliert hat. Dieser Befund ist nicht überraschend. Eberhard Bethge (der bedeutendste Biograph Dietrich Bonhoeffers) gehörte durch seine Heirat mit Susannes Cousine Renate Schleicher zur Bonhoeffer-Familie und hatte somit Teil an einer gemeinsamen Überlieferungskultur. Aber auch wenn es in Susannes Lebenserinnerungen keine Skandal-Enthüllungen über den ‚wahren' Dietrich Bonhoeffer gibt, sondern sich das bereits bekannte Wissen insgesamt *bestätigt*, so wird es doch wesentlich *vertieft*: Die Schilderungen von Susanne sind so plastisch, anschaulich und lebendig, dass aus dem Bild sozusagen ein 3-D-Hologramm oder sogar ein Film wird – ja, dass man das Gefühl hat, selbst mit am Esstisch der Familie Bonhoeffer zu sitzen. In diesem Sinne: Viel Vergnügen bei einer Entdeckungsreise zu Dietrich Bonhoeffer in den Lebenserinnerungen von Susanne Dreß!

Biographische Notizen über Dietrich Bonhoeffer in den Lebenserinnerungen von Susanne Dreß

Dietrich Bonhoeffers Persönlichkeit

Susanne geht zwar *grundsätzlich*, aber *nicht streng* chronologisch vor – immer wieder wird die Abfolge der Ereignisse durch Rückblick oder Vorausschau unterbrochen oder es werden bestimmte Aspekte unter thematischen Gesichtspunkten zusammengefasst. So berichtet Susanne von ihrer Urgroßmutter mütterlicherseits Babette Meyer, die ‚keine echte Urgroßmutter war', sehr wohlhabend gewesen ist und in Berlin einen Salon unterhielt, in dem Politiker und Künstler ein- und ausgingen.[17] Hier findet auch Dietrich Bonhoeffer zum ersten Mal Erwähnung.

„Von den Geschwistern erfuhr ich, dass sie eine getaufte Jüdin war und dass von allen Verwandten meine Eltern eigentlich die Einzigen waren, die herzlich mit ihr umgingen. Sie hatte ein herrliches Haus am Tiergarten mit einem großen Baumbestand, wo man Versteck mit Anschlag spielen konnte. Ich entsinne mich, dass sich Dietrich bei einer

Geburtstagsfeier dabei ein Loch in den Kopf schlug und zum Entsetzen aller alten Damen blutüberströmt abtransportiert wurde."[18]

Was erfahren wir hier über Dietrich Bonhoeffer? Dass seine Eltern ihm Solidarität mit der (jüdischen) Minderheit und (innerfamiliären) Nonkonformismus vorlebten und er diese Qualitäten nicht zuletzt ihrem Vorbild verdankte. Und dass er als Kind ein Wildfang war, der beim Toben so leicht vor nichts zurückschreckte und dabei auch eine Verletzung in Kauf nahm. Die große Bedeutung des familiären Vorbilds ist in den Quellen reichlich belegt;[19] Dietrichs Draufgängertum passt dazu, dass er später als groß gewachsen und sportlich beschrieben wird.[20] Und vielleicht kann man diese Mitteilung auch als Hinweis darauf verstehen, dass Dietrich mutig war, ‚seinen Kopf durchsetzen' und bisweilen gar ‚mit dem Kopf durch die Wand' wollte, und dass er bereit war, dafür Blutzoll zu entrichten? Wir wollen hier nichts überinterpretieren, aber es sollen alle möglichen Verbindungslinien ausgezogen werden, damit die Leser selbst entscheiden können, welche davon sie überzeugend finden.

Die erste (und einzige) ausführliche Beschreibung von Dietrich findet sich dort, wo Susanne ihre Geschwister beschreibt.[21] Der Reihenfolge ihres Alters nach werden Karl-Friedrich, Walter, Klaus, Ursel, Christel, Dietrich und Sabine charakterisiert. Die Passage über Dietrich soll hier vollständig wiedergegeben werden, weil es sich dabei um neu zugänglich gemachtes Quellenmaterial handelt:

„Unser Baukasten hatte sehr große Klötze und Säulen. Wir hatten wohl zusammen ein Schloss gebaut mit Bogenfenstern im Turm. Durch solch ein Bogenfenster habe ich (damals muss ich wohl drei Jahre alt gewesen sein) den weißblonden Kopf von *Dietrich* gesehen und mich gefreut: Mein Bruder spielt mit mir. Das ist wohl meine erste Erinnerung, die ich an ihn habe. Vielleicht haben wir uns auch mal gezankt, aber das ist nie wichtig geworden, und ich weiß nichts mehr davon. Dreieinhalb Jahre Unterschied im Alter machen bei Kindern schon viel aus. Doch er ist der Einzige meiner Brüder, mit dem ich gespielt habe – und herrlich gespielt. Natürlich hatte er die absolute Führung, aber er ließ es nicht merken, und ich fühlte mich nie unterdrückt. Ich glaube, ich habe ihn angebetet; jedenfalls konnte ich mir keinen Jungen denken, der ihm irgendwie überlegen war. Er war der Stärkste, Schnellste, Klügste, Einfallsreichste, Freundlichste, Frömmste und Schönste von allen Kindern, die ich kannte. Und dass er mein Bruder war, damit gab ich gerne an.

Ich ließ mich oft mit ihm sehen, auch als junges Mädchen. Er spielte viel mit mir; vielleicht mehr als mit seiner Zwillingsschwester Sabine. Sie war als Mädchen doch entsprechend weiter und nie so wild zum Toben und zu allen Jungensspielen bereit wie ich.

Von den großen Geschwistern hatte er als jüngster Bruder ziemlich zu leiden. Nicht nur, dass es ihm manchmal zu schaffen machte, dass alle Aufträge an ihn weitergegeben wurden, weil die Großen keine Zeit hatten (besonders die im Krieg so häufigen Wege auf Post und Behörden) – er wurde auch gern geneckt und gefoppt. Vielleicht war das kein Schade, da er außerhalb des Hauses übermäßig bewundert wurde. In der Schule war er, ohne etwas dafür zu tun, mit Selbstverständlichkeit der Beste; gegen das übergroße Freundschaftsangebot dort konnte er sich nur durch Arroganz und Lieblosigkeit wehren; sonst wäre er überlaufen worden und nicht mehr zu sich selbst gekommen. Die Zwillinge und ich waren ‚die drei Kleinen', und ich war merkwürdigerweise persönlich stolz darauf, Zwillinge als Geschwister zu haben.

Meine Geburtstagsgeschenke für die Zwillinge am 4. Februar bestanden fast immer in selbst ausgedachten Geschichten, die ich teils diktierte, teils später selbst mit viel Mühe aufschrieb; manche davon besitze ich noch heute. Wenn ich meine Mutter um Geld für ein gekauftes Geschenk gebeten hätte, wäre sie sehr verwundert gewesen. Von meinem ersten selbst verdienten Geld habe ich mit zwölf Jahren auf der Halensee-Brücke für Dietrich zum Geburtstag zehn Zigaretten gekauft, das Stück zu zehn Pfennig. Das war nicht nur eine große Ausgabe, sondern auch eine mutige Tat, denn ich hatte die Befürchtung, dass der Verkäufer mich bestimmt hinauswerfen würde. Für Sabine malte ich zu dieser Zeit Lautenbänder. Sie bekamen ihren Geburtstagstisch immer erst nach der Schule vor dem Mittagessen. Mein Vater hielt dabei nur sehr selten Reden. Meist wurde ich verpflichtet und machte es sehr kurz: ‚Weil die Zwillinge Geburtstag haben, wollen wir alle anstoßen – sie leben hoch!' Bei solchen Anlässen, die sich bei uns ja ziemlich häuften, pflegte es eine preiswerte türkische Torte aus dem Beamtenwirtschafts-Verein für drei Mark zu geben, die in vierfacher Ausfertigung bestellt wurde, damit sie reichte. Das wurde durch den Doppelgeburtstag variiert, weil doch jeder eine andere Torte bekommen sollte. Die Drei-Mark-Torte geriet bei uns mit Besserung der Zeiten in geheimen Verruf, der so lange schwelte, bis eines Tages beim Geburtstag der Zwillinge von den Großen laut die Frage erörtert wurde, ob es eigentlich keine anderen, weniger parfümierten Torten gäbe, oder ob die für Feste zu teuer wären. Meine Mutter versuchte eine kleine Verteidigung, die aber lachend unterbrochen wurde, weil die Rebellen sicher waren, dass sie ihr auch nicht schmeckte. So verschwand dieses Gebäck von den nachfolgenden Geburtstagstischen. Die zwei Geburtstagstische, zwei Torten rundum mit Lichtern nach der Zahl der Jahre umsteckt, und nach dem Krieg der Duft von Apfelsinen – das gehört zusammen mit der großen Kindergesellschaft am Nachmittag zum ‚Zwillingsgeburtstag'. ‚Sofort vierzehn', antwortete Dietrich, als er im Jahr 1919 um die Weihnachtszeit herum gefragt wurde, wie alt er wäre. Dass er zehn Minuten älter war als Sabine, war ihm doch sehr wichtig."[22]

Aus dieser Charakterisierung kann man viel Bedeutsames entnehmen. Eigentlich sprechen diese Worte (so wie das meiste in den Lebenserinnerungen von Susanne Dreß) für sich selbst, aber ein paar Bemerkungen sollen doch hervorgehoben werden: Susanne und Dietrich hatten eine enge Beziehung, und sie spielten als Kinder ausgiebig miteinander.[23] Auch später sollte diese besondere Verbindung andauern, wie wir noch sehen werden. Dietrich übernahm dabei die Führungsrolle, was für einen älteren Bruder einerseits natürlich ist, aber darüber hinaus auch seiner Persönlichkeit entspricht. Er wird beschrieben als gutaussehend, kräftig, klug, ideenreich, freundlich und religiös – alles Eigenschaften, die ganz zu dem von ihm überlieferten Bild passen.[24] Die *Biographie* von Susanne gerät hier in die Nähe einer *Hagiographie*; dies ist allerdings eine Ausnahme und keineswegs charakteristisch für ihren Text. Und natürlich bedeutet es nicht (ebenso wie an allen anderen Stellen in ihrem Werk), dass Dietrich so *gewesen* ist, sondern lediglich, dass sie ihn so *gesehen* hat; zumindest im Rückblick und mit einem gewissen zeitlichen Abstand. Dietrich wurde von Susanne verehrt – aber nicht nur von ihr als der jüngsten Schwester (die sich im Kreis ihrer Geschwister insgesamt keineswegs wohl fühlte), sondern auch „außerhalb des Hauses“[25] wurde er „übermäßig bewundert“, wogegen er sich nach Susannes Deutung teilweise „durch Arroganz und Lieblosigkeit“ abzugrenzen versuchte. Innerhalb der Familie dagegen mit ihren vielen hochbegabten Kindern und ihrem hohen Erwartungshorizont „hatte er als jüngster Bruder ziemlich zu leiden“, und es war ihm wichtig, zumindest „zehn Minuten älter“ als seine Zwillingsschwester Sabine zu sein.

Neben dieser zusammenfassenden Beschreibung finden sich in den Lebenserinnerungen von Susanne Dreß noch zahlreiche weitere Stellen, die Rückschlüsse auf Dietrichs

Persönlichkeit zulassen. So berichtet sie etwa davon, dass sich Dietrich in der Familie zu *Hilfsdiensten* verpflichten ließ: Gemeinsam mit Susanne musste er alljährlich im November zu Fuß ganze Wagenladungen voll mit Weihnachtspaketen zu dem etliche Kilometer entfernten Postamt Grunewald befördern.[26] Im 1. Weltkrieg gingen Susanne und Dietrich „bald Abend für Abend in das Grunewald-Casino und holten einen Kübel mit Essen aus der Mittelstandsküche".[27] Als junger Mann war er der einzige von den Geschwistern, der sich auf das unbeliebte gesellschaftliche Ereignis der Universitäts-Tanzfeste einließ: „Meine Brüder drückten sich davor konsequent – höchstens Dietrich opferte sich manchmal."[28]

Dietrich verfügte über *besondere Kenntnisse und Fähigkeiten*: So wurde er im Ferienparadies der Familie in Friedrichsbrunn im Harz zum „Oberpilzwart" ernannt, weil er „Pilzaugen" hatte.[29] Dies war ein verantwortungsvolles Amt (das er vom Vater übernahm), weil der Verzehr dieser Kost in der angespannten Versorgungslage im 1. Weltkrieg ein wichtiger Beitrag zur Ernährung war. Auf dem Kinder-Schützenfest in Friedrichsbrunn schoss er einmal am besten – wurde aber trotzdem nicht zum Schützenkönig ernannt, weil diese Ehre keinem Auswärtigen zuteilwerden sollte.[30] Die anspruchsvolle Aufgabe, zusammen mit dem

Vater den Stall der Weihnachtskrippe aufzubauen, wurde ebenfalls Dietrich übertragen.[31]

Oftmals ergriff Dietrich die *Initiative*: Nachdem sich die von den Kindern geliebte Erzieherin Maria Horn, genannt ‚Hörnchen', noch in spätem Alter unerwartet verlobte, rannte Susanne mit Dietrich nach Halensee, um ein Festessen und Wein einzukaufen.[32] Während der Ferien in Friedrichsbrunn wäre Fräulein Lenchen, eine Besucherin, fast im Bergratmüllersteich ertrunken, wenn Hörnchen sie nicht beherzt gerettet hätte. Dietrich war es, der ihre Notlage als erster bemerkte und um Hilfe rief.[33] Als einmal der alljährlich aus Friedrichsbrunn gesendete Weihnachtsbaum ausblieb und in der Inflationszeit nach dem 1. Weltkrieg nirgends mehr einer aufzutreiben war, waren es Dietrich und Susanne, die am 23. Dezember doch noch einen ergattern konnten.[34] Wenn im Elternhaus Diners gegeben wurden, kümmerte sich Dietrich um die Temperatur der Weine – und gemeinsam mit Susanne um die anschließende gerechte Verteilung der übriggebliebenen Delikatessen.[35]

Dietrich zeigte *Mut und Entschlossenheit*: Im Sommer 1926 verschaffte sich ein Einbrecher Zutritt zur Bonhoeffer-Villa im Grunewald und wurde von den Familienmitgliedern überwältigt: „Dietrich springt ihm an die Kehle,

Klaus hält ihm die Hände am Leib und Walter die Beine fest".[36]

Dietrich erwies sich als *guter Beobachter*: Als sich Susanne bei einer gemeinsamen Heidewanderung im Frühjahr 1926 zusammen mit den anderen bei einem Grog aufwärmte, staunte Dietrich: „Du trinkst ja wieder".[37] Er bemerkte auch, dass sie sich in ihren späteren Ehemann Walter Dreß verliebt hatte und die Bindung an den idealistischen jüdischen Medizinstudenten (ein Professorensohn aus Breslau, dem zuliebe Susanne für einige Zeit abstinent gelebt hatte) hinter sich ließ.[38]

Dietrich führte immer wieder *vermittelnde Gespräche* mit seinen Mitmenschen: Auf einem gemeinsamen Spaziergang eröffnete Dietrich seiner jüngeren Schwester Susanne Familiengeheimnisse über die bevorstehende Hochzeit von Onkel Bubi (Benedikt Hase, ein Bruder der Mutter Paula) und dessen uneheliches Kind mit Tante Pine.[39] Als Susanne sich bei Besuchen in der Grunewalder Nachbarschaft über den zurückhaltenden Weihnachtsbaumschmuck wunderte, klärte Dietrich sie darüber auf, dass dies „jüdische Weihnachtsbäume" seien.[40] Nachdem sich in der Silvesternacht 1929/30 sowohl Klaus als auch Karl-Friedrich Bonhoeffer unabhängig voneinander mit ihren langjährigen Freundinnen verlobt hatten, war es

Dietrich, der Susanne diese Nachricht am Telefon überbrachte.[41]

Bisweilen machte Dietrich dabei *hilfreiche Vorschläge*. Am Tag nach ihrem 18. Geburtstag verlobte sich Susanne entgegen dem Wunsch der Familie mit Walter Dreß; Dietrich nahm sie in Empfang – und hatte sofort einen ‚Plan B' für sie bereit:

„Dreimal klingeln (das bekannte Familienmitgliedszeichen), und Dietrich machte mir auf. ‚Na, habt Ihr Euch verlobt?', fragte er schlichtweg. ‚Ja, aber heimlich.' – ‚Das ist ziemlich sinnlos', meinte er, da es doch schon alle wüssten. Wieso? Ja, ich hätte es doch Mademoiselle Zwek gesagt. Keineswegs! Aber da ich sie hatte sitzen lassen und meine Brüder gestern alle Hände voll zu tun gehabt hatten, mich vor dem Äußersten zu bewahren, und ich ihnen nun entwischt war, hatte es die Familie unschwer erraten. Dietrich schlug vor, Walter solle doch mit den Eltern sprechen; das erleichtere es uns. Es könne ja bis zum Examen innerhalb der Familie bleiben – jedenfalls dann erst mit Verlobungsanzeige. So teilte ich am Nachmittag Walter mit, dass es mit dem großen Geheimnis nicht so weit her sei, und er meldete sich für den nächsten Abend bei meinem Vater an."[42]

Im Gespräch erwies Dietrich *Fürsorge und Einfühlungsvermögen*: Während ihrer Jugendzeit litt Susanne über Jahre hinweg unter ihrer schwärmerischen Verliebtheit in Grete von Dohnanyi, die spätere Ehefrau ihres ältesten Bruders Karl-Friedrich; bei Dietrich suchte und fand sie Trost.[43]

Nur an wenigen Stellen wird davon berichtet, dass Dietrich auch einmal schwierig sein konnte. Das muss nicht unbedingt bedeuten, dass seine Persönlichkeit ohne Schattenseiten war, sondern sollte eher in dem Zusammenhang gesehen werden, dass Susanne – obwohl sie anderen gegenüber im allgemeinen kein Blatt vor den Mund nahm[44] – an ihrer eigenen Familie kaum Kritik übte.[45] Einmal erzählte sie, dass ihre älteste Schwester, die eine auffallende Schönheit war, bei Tisch in Tränen ausgebrochen sei, weil Dietrich gesagt habe: „Die Ursel hat dicke Lippen".[46] Und als ‚die drei Kleinen' Dietrich, Sabine und Susanne im Juli 1918 gemeinsam mit der Erzieherin Maria Horn in Boltenhagen an der Ostsee weilten, um die Kinder angesichts der schwierigen Ernährungslage etwas aufzupäppeln, bekam Dietrich von Hörnchen „schwere Vorhaltungen", weil er sich „rüpelhaft" benähme.[47] Der Anlass war jedoch denkbar harmlos, denn er wollte bei einem beschaulichen Spaziergang nicht davon lassen, eine Parodie auf ein bekanntes Abendlied zu singen: „Guter Mond, du gehst auf Strümpfen, zieh dir deine Schuhe an“.[48]

Familie Bonhoeffer war nicht nur kinderreich und weitläufig, sondern sie pflegte auch einen starken Zusammenhalt (aus dem später die Kraft zum gemeinsamen Widerstand gegen das Nazi-Regime erwuchs). Dietrich bedeutete seine Familie viel; sie war die wichtigste Größe in seinem Leben – auch wenn er sich manchmal durch sie eingeengt fühlte: „Das Furchtbare ist die völlige Sicherheit, aus der wir nie herauskommen, solange unser Elternhaus besteht“, hat Dietrich einmal zu Susanne gesagt.[49]

Dietrich Bonhoeffers kulturelle Interessen

Musik

Im Leben der Familie Bonhoeffer spielte Musik eine große Rolle. Von Dietrichs herausragender Musikalität und Begabung am *Klavier*,[50] die in zahlreichen Quellen bezeugt wird, ist auch in Susannes Lebenserinnerungen vielfach die Rede. Dietrich hat seinen ältesten Bruder Karl-Friedrich am Klavier „überflügelt“[51] und übertraf ihn „am Flügel bald weit“.[52] Bei den hausmusikalischen Abenden, die jeden Samstagabend stattfanden,[53] spielte er im Trio mit Geige und Cello (in wechselnder Besetzung); doch auch bei anderen Gelegenheiten setzte er sich ans Klavier: „Wenn Dietrich uns Schwestern zum Singen außerhalb der festgelegten Zeiten am Sonnabend begleiten musste, dann waren wir verliebt“.[54] An anderer Stelle schreibt Susanne über ihre sentimentalen Anwandlungen: „Dietrich begleitete mich am Klavier, und ich sang mit unterdrücktem Schluchzen“.[55] Als ‚die Großen‘ mit ihren Freunden ein

Fest feierten, erklangen bei Mondschein im elterlichen Garten „Strauß'sche Walzer von Dietrich gespielt".[56] Sobald die Familie nach der wochenlangen Sommerfrische in Friedrichsbrunn in die Großstadt Berlin zurückkehrte, begab sich Dietrich an den Flügel.[57] Und als Susanne mit siebzehn Jahren für ein paar Wochen auf dem Anwesen der Familie Anschütz in Heidelberg zu Gast war, setzte sich die Hausherrin ans Piano; sie spielte „sehr gut Klavier; ich hörte ihr zu und bekam dabei Sehnsucht nach Dietrich".[58]

Auch von anderen musikalischen Aktivitäten Dietrichs berichtet Susanne – etwa, dass er als Kind beim Krippenspiel solistisch sang.[59] Als Jugendliche erlernte Susanne von ihrer drei Jahre älteren Schwester Sabine (Dietrichs Zwillingsschwester) das Gitarrenspiel, und auch Dietrich beteiligte sich daran. Aus den Quellen sind zahlreiche Belege für Dietrichs Vorliebe für die *Gitarre* bekannt;[60] doch die Mitteilung in den Lebenserinnerungen von Susanne Dreß hat weit mehr als nur bestätigenden Charakter: Sie vermittelt eine *lebendige Anschauung* und ein *Gefühl* dafür, was diese Musik für Dietrich im Kreis seiner Familie bedeutet haben mag, wie an diesem Beispiel durch ein Zitat gezeigt werden soll:

„Mit dem Gitarre-Spielen öffnete sich mir ein aktiver Weg in die Romantik, nach der mein Herz sich sehnte. Dietrich griff nun auch zu diesem Instrument, lernte es von selbst und brachte die alten Landsknechts-Lieder mit ins Programm; oder den Tannhäuser, der große Wunder schauen wollte; oder auch die mir erst etwas schockanten Verse von Walther von der Vogelweide: ‚Unter der Linden auf der Heiden' und ‚Dat du min Lewsten bist'. Bald sang ich diese Lieder aber mit derselben sicheren Freiheit wie er und war irgendwie erleichtert, dass dies möglich und anständig und Kunst war – und dass man auch mir zutraute, dass ich etwas vom Zusammenschlafen wusste. Es dauerte wirklich nicht lange, bis ich auf der Gitarre zu Hause war und begleiten konnte, was ich wollte. Ich übte aber auch fleißig und schonte meine Finger nicht. Bis ich es zu meiner Zufriedenheit konnte, tat ich kaum etwas anderes als üben. Schularbeiten fielen natürlich aus."[61]

Theater

Neben der Musik wurden im Haus der Familie Bonhoeffer zahlreiche weitere kulturelle Interessen gepflegt. Man vertrieb sich die Zeit mit ‚Stegreif'- und ‚Schmiere'-Theater und spielte sogar Balladen nach, wobei es ausgesprochen fröhlich zuging:

„‚Carmen‘ spielten wir mit besonderem Vergnügen – inklusive Stierkampf und Arien. Klaus war eine zauberhafte Carmen. Dietrich wechselte zwischen Torero und Klavier.“[62]

Bei anderer Gelegenheit wurde Schiller aufgeführt –

„angefangen mit ‚Tell‘: ‚Es lächelt der See…‘ (dazu diente unsere Kindergummibadewanne, und der Berg für den Schützen war ein Plättbrett). Wir schwuren auf dem Rütli, und Dietrich ließ sich den Apfel vom Kopf schießen und lag als alter Attinghaus – ‚seid einig, einig, einig‘ –, die Lederhosen unter einer Felldecke verborgen, im Schaukelstuhl im Sterben. […] Wenn die Zeit für ein Drama nicht ausreichte, spielten wir einfach Gedichte. Während mein Vater als böser König neben einer meiner Schwestern thronte, ritt Klaus auf seinem Cello als alter Sänger ein. Dietrich als ‚blühender Genoss‘ schlug die Laute, und mein Vater warf mit einem Fischmesser nach ihm: ‚Das war des Sängers Fluch.‘ Auch wenn sich Dietrich als Fischer den müden Fuß in einer Holz-Fußwanne netzte und Sabine ihn als ‚feuchtes Weib‘ im Badetuch übers Parkett schwimmend wegschleifte, war das schön. Klaus’ pantomimische Leistungen bei edel vorgetragenen, lyrischen Gedichten (wie ‚Ich ging im Walde so für mich hin‘ oder ‚Über allen Gipfeln ist Ruh‘‘) waren herzerquickend. Auch Lieder (besonders die Loewe-Balladen, Archibald Douglas und Tom der Reimer) ließen sich herrlich darstellen – obgleich die silberhellen Glöckchen nur ein gut gespielter Wecker waren. Als eine von des Erlkönigs Töchtern konnte ich dann flattern, während Dietrich mit Bart seinen älteren, aber kleineren Bruder Klaus fest im Arm hielt."[63]

Literatur

Mit Literatur beschäftigte sich Dietrich Bonhoeffer in seinem Elternhaus intensiv. Am Sonntagabend las der Vater oft im Familienkreis vor,[64] und aus dem Briefwechsel, den Dietrich Bonhoeffer aus der Haft heraus führte, wissen wir, wie wichtig Bücher für ihn waren.[65] Auch Susanne verschlang Bücher geradezu und war darin ihren Klassenkameradinnen weit überlegen – und konnte sich dennoch mit Dietrich nicht messen.[66]

Eine beliebte Freizeitbeschäftigung bestand darin, Dramen mit verteilten Rollen zu lesen, wobei auch jüngere Kinder schon an anspruchsvolle Werke herangeführt worden sind. So las man etwa zusammen mit der eng verwandten Familie Hase ‚König Lear' von Shakespeare, wobei der neunjährigen Cousine die Rolle des Bastards zufiel. Susanne bemerkt dazu: „Mit Dietrich einigte ich mich anschließend darauf, dass es gut war, dass sie überhaupt nichts davon verstand, weil sie noch mit den Silben kämpfen musste".[67]

Die Geschwister Dietrich und Susanne *lasen* nicht nur dieselben Bücher – sie *schrieben* auch gemeinsam, unter anderem Stücke für die zuvor erwähnten Aufführungen im Familienkreis. Darüber weiß Susanne Folgendes zu berichten:

„Dietrich und ich gingen unter die *Dramatiker*. Wir wollten nicht mehr nur stegreif spielen – wir wollten richtige Stücke schreiben, die auswendig gelernt werden mussten. Wir dichteten friedlich miteinander und waren uns über Aufbau und Szenenfolge sehr einig. Sabine schrieb meist die Rollen ab, denn unser beider Schrift war unlesbar. Einige wenige dieser Stücke besitze ich noch. Das Erste war sehr romantisch. Es spielte zum Teil unter Wasser und hieß ‚Ein Traum'.[68] Irmgard Krückmann tanzte vor Papierschlingpflanzen zum Gesang der Meermädchen im grünen Tüll. Über Wasser spielte es im Schloss des Königs. Das Ende gestaltete sich verhalten tragisch. Ein anderes Stück war ein sozialer Familienroman mit Findelkind und Verwechselungen, arm, aber reinlich gekleideten Eltern und gutem Ende. Ich hatte immer nur die Sorge, dass Dietrich für die Erwachsenen zu frei dichtete und dachte. Ich wollte sie nicht so sehr in unsere Probleme hineinsehen lassen, weil ich ein etwas schlechtes Gewissen hatte, was ich alles schon wusste – ohne dass sie wussten, dass ich es wusste. Ich gab mich gerne harmlos. Aber Dramen durften eben nicht harmlos sein, wenn sie nicht langweilig werden sollten. So musste man schon mal mit ausgesetzten Kindern und Schande und Ehebruch operieren. Die Verantwortung dafür trug ja Dietrich."[69]

Und auch für kirchliche Zwecke schrieben die beiden Texte. So berichtet Susanne davon, dass sie mit 16 Jahren von Dietrich als Helferin bei seiner Kindergottesdienst-Arbeit in der evangelischen Kirchengemeinde im Grunewald angeworben worden ist. Weil sie mit den gängigen Krippenspielen nicht zufrieden war, verfasste sie einen eigenen Entwurf, und Dietrich half ihr bei der Überarbeitung.[70]

Kunst

Kunst spielte in der Familie Bonhoeffer eine bedeutende Rolle. Mehr noch als eine Gelehrten-Familie waren die Bonhoeffers Künstler, vor allem in der mütterlichen Verwandtschaft: Viele von ihnen waren Maler und Bildhauer;

auf Seiten des Vaters war die Goldschmiedekunst ein traditioneller Beruf.[71] In der Villa im Grunewald waren die Wände eng mit Bildern behängt – alles Originale. Zumeist waren es Ölbilder aus der weitläufigen Familie, dazu gab es viele Kunstdrucke, die in Mappen gesammelt wurden.[72] Diese künstlerische Anregung blieb nicht ohne Wirkung auf die Bonhoeffer-Kinder. Susanne, die sich im Allgemeinen wenig aus der Schule machte, verbrachte ihr neuntes Schuljahr vorwiegend damit, eine umfassende Jahresarbeit über das Thema ‚Die christliche Kunst bis zur Frührenaissance' zu verfassen. Dietrichs Zwillingsschwester Sabine ging nach ihrem Schulabschluss an die Kunst-Akademie;[73] über ihn selbst berichtet Susanne: „Als Dietrich schon vierzehn Jahre alt war, begann er, am Karfreitag Kunstmappen zusammen zu schleppen, und wir trieben dann in den folgenden Jahren an diesem Tag christliche Kunstbetrachtung."[74]

Diese kurze Bemerkung ist aufschlussreich. Familie Bonhoeffer pflegte zwar ein religiöses Leben (vor allem durch den Einfluss der Mutter geprägt, die Tochter eines liberalen Pfarrers war[75]). Entsprechend einer bestimmten evangelischen Tradition gehörte dazu aber nicht unbedingt der Kirchgang – noch nicht einmal an Heiligabend fand er bei Bonhoeffers statt. Stattdessen wurde die Frömmigkeit durch häusliche Rituale wie Tischgebet, Abendgebet, Bibelbetrachtung, Andachten und reichlich Liedgut aus dem Gesangbuch geprägt. Außerdem konnte auch der Kunstgenuss eine rituelle Qualität und fast religiöse Bedeutung annehmen, wie an diesem Beispiel deutlich wird: Zwar begab man sich selbst am Karfreitag nicht in die Kirche, wollte aber auch keinen alltäglichen Tätigkeiten nachgehen, sondern zelebrierte stattdessen die Kunst – wobei man noch nicht mal das Haus verlassen musste, weil das eigene Zuhause „eine Mischung zwischen Atelier und Museum" war.[76]

Jedoch wurden auch die berühmten öffentlichen Museen in Berlin von Dietrich und Susanne besucht – bemerkenswerterweise wiederum als quasi-religiöser Akt, nämlich am Sonntagvormittag um zehn Uhr, zur Gottesdienstzeit:

„In seinen letzten Schuljahren ging ich oft mit Dietrich ins *Museum*. Sonntags um zehn Uhr standen wir davor und warteten auf den Einlass – denn zum Mittagessen musste man pünktlich zurück sein. Wir fuhren von Halensee bis Friedrichstraße, und der gewohnte Weg zur Stadtbahn und die auf dem täglichen Schulweg sonst so langweilige Fahrt bekamen durch Dietrich einen sonntäglichen Glanz. Dann ging es ins Kronprinzen-Palais, wo zeitgenössische Malerei hing, oder ins Alte Museum; aber hauptsächlich und immer wieder in das Kaiser-Friedrich-Museum. Es wurde uns oft gesagt, wir sollten doch mal woanders hingehen; es müsse ja nicht immer Kunst sein, es gäbe noch so viel mehr interessante Museen in Berlin. In allen anderen aber habe ich mich gelangweilt. [...] Eine Ausnahme machte das Naturkunde-Museum in der Invaliden-Straße, in das mich Hörnchen manchmal mitnahm und wo ich später auch sehr gerne allein hinging, um Zeit zu haben für das, was mich besonders interessierte. Wenn ich mit Dietrich ins Naturkunde-Museum ging, blieben wir meist bei den Steinen, für die wir beide eine große Liebe hatten. Mein Interesse für Insekten teilte er nicht. Jedes Mal aber durchrieselte uns derselbe Schauer, wenn wir in der Eingangshalle vor dem Ichthyosaurier standen und so winzig klein wurden. Diesen Schauer des Vergangenen empfand man auch ganz stark im Alten Museum bei den ägyptischen Mumien und der babylonischen Mauer. Die Griechen kamen mir sehr viel näher vor, gewissermaßen wie große Brüder, während die anderen frühen Kulturen der Antike mir fremd erschienen. Viel häufiger als die anderen wurde am Sonntag jedenfalls das Kaiser-Friedrich-Museum besucht. Ich fühlte mich mit den umhergehenden Kunstbeflissenen verbundener als je mit Theaterbesuchern in der

Pause im Gang oder Foyer. Es war ein ganz bestimmter Kreis der Berliner-Kultur-Gesellschaft, der sich am Sonntagvormittag ins Museum begab, und manche Köpfe sah man immer wieder. Die Besucher aus der Provinz waren deutlich zu erkennen. Ein sehr ähnliches Publikum traf man auch in der Matthäus-Passion. Nach zwei Stunden hatte ich meistens genug und wurde müde, aber Dietrich war nicht vor halb eins zum Gehen bereit. Dann musste man allerdings zur Stadtbahn rennen, um noch pünktlich zum Essen heimzukommen."[77]

Gesellschaftliches Leben

Dietrich Bonhoeffer war in seiner Gedankenwelt ein Vordenker und somit ein Außenseiter; bisweilen wird er deshalb als arrogant und unnahbar beschrieben.[78] Dennoch war er ein glänzender Gesellschafter und beliebter Gesprächspartner; weil es in diesen Unterhaltungen neben dem bloßen Vergnügen auch um gesellschaftliche Fragen ging, soll dieses Thema hier im weiteren Zusammenhang des kulturellen Lebens behandelt werden.

Dietrich war gerne und viel mit anderen Menschen zusammen; so berichtet Susanne etwa davon, dass er sich „als einziger Junge" am Tag nach der Hochzeit der ältesten

Schwester Ursel stundenlang im Familienkreis amüsierte.[79] Oder dass er zusammen mit Susanne von Berlin bis nach Werder fuhr, um sich mit Bärbels Vater Adolf Damaschke zu treffen (einem der führenden Vertreter der Bodenreform in Deutschland).[80] Zweimal veranstalteten die Eltern Bonhoeffer in ihrem Haus einen riesigen Maskenball – sowohl die Mutter als auch Susanne waren dabei ganz in ihrem Element,[81] und der Vater und die Söhne ließen sich zumindest mitreißen und waren sich für keinen Spaß zu vornehm. Über den Tanzstunden-Abschlussball berichtet Susanne:

Ich „habe pausenlos getanzt und mich königlich amüsiert. Was die anderen anhatten, weiß ich nicht mehr. Nur bei Dietrich erinnere ich mich, dass er ein grasgrünes Trikot mit Schilf benäht trug und eine grüne Schlingpflanzen-Perücke."[82]

Und natürlich war man auch bei anderen zu Gast, etwa auf dem Maskenfest bei Eickens (einem Kollegen des Vaters):

„Dietrich kam als Tanzbär, in ein Fell mit Kopf gekleidet, von Klaus an der Leine vorgeführt. Er glaubte, auf diese Weise einen ruhigen Abend verbringen zu können, musste sich aber doch bald wegen zu großer Nachfrage und Hitze umziehen."[83]

Außer solchen Festlichkeiten, welche die Heranwachsenden gemeinsam mit ihren Eltern besuchten, gab es noch gesellschaftliche Ereignisse, die Dietrich und Susanne ausschließlich mit Gleichaltrigen erlebten:

„'*Lockeres Treiben*' nannten Dietrich und ich es, wenn sich die Sitzplätze auf ebenerdigen Kissen befanden, kein Personal bediente, keine Eltern in Sicht kamen, die Beleuchtung matt rötlich war und die Versorgung hauptsächlich aus Zigaretten und schwarzem Kaffee bestand, wenn ein Grammophon pausenlos spielte und dabei wenig getanzt und viel diskutiert wurde. Dann war man nicht als Tochter eingeladen. Diese unserer Häuslichkeit sehr fremde Geselligkeit hatte etwas ungemein Verlockendes an sich, wenn wir sie auch nicht in unsere Räume verpflanzt sehen wollten.

Die Gastgeber waren Bekannte von Dietrich oder auch Leute, die ich auf seriösen Tanzereien kennen gelernt hatte. Man brauchte zu solchen Einladungen nicht unbedingt ab- oder zuzusagen; wenn man kam, war es gut; und man konnte auch noch jemanden mitbringen. Kleidung, Gebaren, Beleuchtung, Tanz und Musik sollten möglichst lasziv wirken und taten es im ersten Augenblick auch. Im Grunde war aber alles denkbar harmlos und rang hauptsächlich mit Problemen der Literatur, Musik und Malerei, mit neuer Gesellschaftsordnung – und betont sachlich um Sexualprobleme. Das war Jugendbewegung im Bohème-Hemdchen. Dadurch, dass wir dies ‚lockeres Treiben' nannten, zeigten wir uns noch arroganter, als die Veranstalter sein wollten.

Solche geistigen Orgien begannen um fünf Uhr nachmittags und konnten sich unter Wechsel der Teilnehmer bis um fünf Uhr früh hinziehen. Wenn die Gastgeber zwischendurch noch woanders eingeladen waren, wo sie ‚reinschauen' mussten, tat das der Gemütlichkeit keinen Abbruch. Dies waren keine Feste auf Studentenbuden oder ausgesprochene Künstlerfeste (obwohl der eine oder andere Professionelle stets dabei war und ich so allerhand amüsantes Volk kennenlernte, das bei uns zu Hause nicht verkehrte) – es waren Einladungen in die umgewandelten Salons oder Wartezimmer der Eltern. Sonst hätte ich wohl nicht die Erlaubnis bekommen hinzugehen. Wenn ich danach gefragt wurde, wie es war, sagte ich ‚nett' und schwieg mich aus. Denn diese Form des Beisammenseins war schwer erklärbar. Dietrich, der oft mit mir gemeinsam solche Feste besuchte, machte es genauso, ohne dass wir uns verabredet hätten. Warum sollte man die Eltern beunruhigen? Wir waren ja schließlich erwachsen.

So habe ich doch ein Stück der echten ‚goldenen Zwanzigerjahre' mitbekommen. Übrigens waren, trotz der legeren Kisseneinrichtung, Zärtlichkeiten dabei absolut verpönt. Wer sich zu schätzen begann, sah sich nur intensiv in die Augen, diskutierte umso heftiger gegeneinander und zündete sich zum Zeichen der Übereinstimmung die Zigaretten an. Einmal nahm mir einer die Zigarette aus dem Mund und rauchte sie weiter; das war aber schon reichlich intim und eigentlich ein Geständnis. Die letzten Stunden waren mit Verabredungen fürs nächste Mal und zu kulturellen Sonderveranstaltungen angefüllt und endeten mit: ‚Wir telefonieren noch!' Allerdings sind wir nie sehr spät oder gar als Letzte gegangen. Vielleicht änderte sich der Ton nach Mitternacht; doch bestimmt nicht immer und überall."[84]

Dietrich Bonhoeffer und die Religion

Glaubensgespräche

So aufschlussreich und unterhaltsam all diese Erzählungen auch sein mögen, Dietrich Bonhoeffer wurde vor allem als *Theologe* bekannt, und so sind die Mitteilungen von Susanne Dreß in Bezug auf den christlichen Glauben für die Leser von besonderem Interesse. Zum Glück ist in ihrem Buch davon reichlich die Rede, denn Susanne war selbst religiös stark interessiert[85] und teilte als engagierte Pfarrfrau viele von Dietrichs Interessen. In ihren Lebenserinnerungen gibt es ein ganzes Kapitel, welches dem Thema Religion gewidmet ist,[86] und es finden sich darüber hinaus an vielen weiteren Stellen bedeutsame Hinweise.

Als Susanne fünf Jahre alt war, bekam sie ihren ersten Tuschkasten geschenkt und beschäftigte sich voller Eifer mit dem Malen, unter Anleitung ihrer künstlerisch begabten Schwester Sabine.

„Später erklärte sie mir dann auch den Farbkreis, die Komplementär-Farben und das Spektrum. Dass alle Farben zusammen weiß ergeben sollten, konnte ich nicht recht glauben, trotz aller Ergebung in das Wissen der Großen. Wenn ich alle Farben mischte, gab es Dreckfarbe. Die Farben müssten ganz rein sein, wurde mir gesagt. Ich schrubbte meinen Tuschkasten, bis sogar das Gelb keinen grünen Schimmer mehr hatte. Die Farben waren nun ‚rein' – und doch gab es Dreckfarbe. ‚Probieren kann man das nicht', sagte mir Dietrich, ‚das ist nur in Wirklichkeit so'. Vielleicht fiel es ihm leichter als mir, an eine Wirklichkeit zu glauben, die man nicht sehen kann."[87]

Dietrich war damals acht Jahre alt und überzeugt, dass die Wirklichkeit mehr ist als das, was man sehen kann – was für ein Kind in diesem Alter allerdings nichts Außergewöhnliches ist und noch keine Rückschlüsse auf seinen späteren Lebensweg zulässt. Seine Entscheidung für das Theologiestudium (entgegen den unausgesprochenen väterlichen Wünschen[88]) fiel – wie wir aus anderen Quellen wissen – in der Konfirmationszeit unter dem Eindruck des Todes seines Bruders Walter.

Dietrich erhielt durch seine Mutter eine religiöse Erziehung im Geist des liberalen Protestantismus. Darüber hinaus gab die langjährige und von den Kindern sehr geliebte Erzieherin Maria Horn den Kindern vieles von ihrer eigenen Frömmigkeit mit auf den Weg, die von der Herrnhuter Brüdergemeine geprägt war. Susanne berichtet über das allabendliche Ritual, mit dem Dietrich, Sabine und sie selbst von Hörnchen zu Bett gebracht wurden:

„Wir beteten mit Hörnchen im Anschluss an das Abendlied, das immer einer von uns drei Kleinen vorschlagen durfte. Solange wir noch beisammen schliefen, beteten wir ‚Müde bin ich, geh zur Ruh'. Später, als wir größer waren und Dietrich sein eigenes Zimmer bekam, beteten wir das Vaterunser mit ihr. Sie lehrte mich nicht nur Lieder und Gebete – sie glaubte so fest an einen Vater im Himmel, der mich persönlich kannte und der mich erstaunlicherweise ganz ungeheuer liebte, dass auch mir kein Zweifel daran aufkam."[89]

Der Konfirmandenunterricht war für Dietrich Bonhoeffer wichtig, und er überzeugte Susanne davon, sich darauf einzulassen[90] (obwohl sie damals in einem Alter war, in dem sie den christlichen Glauben kritisch in Frage stellte).[91] „Dietrich meinte, ich solle die Bibel doch ein bisschen mehr kennen lernen, ehe ich sie so ganz verwürfe."[92] Köstlich zu lesen, anschaulich und denkwürdig ist Susannes

Schilderung des Konfirmandenunterrichts, den Christine, Dietrich, Sabine und sie genossen haben, und ihre Charakterisierung des Pfarrers (dessen Namen sie wohlweislich verschweigt).[93] Hier erfahren wir etwas über die evangelische Gemeinde im Grunewalder Villenviertel der ‚Goldenen Zwanziger Jahre', von deren liberaler Kirchlichkeit Dietrich Bonhoeffer einerseits geprägt war und von der er sich später mehr und mehr abgrenzte; somit erhalten wir hier auch indirekt Aufschluss über seine Theologie:

„Christel und die Zwillinge hatten während des *Konfirmandenunterrichts* über den Pfarrer geschimpft und sich lustig gemacht. Christel, die als Erste im Grunewald eingesegnet wurde, hatte sowieso nichts übrig für das Transzendente; Dietrich war entsetzt über des Pfarrers Eitelkeit und seinen Goethekult; und Sabine hatte sich königlich über ihn amüsiert. Ich wollte es trotzdem schön finden – hatte damit aber meine liebe Mühe. Jedes Mal nach der Stunde fasste ich den Inhalt des Gebotenen zusammen (und zwar gereimt nach einer Choralmelodie zu singen), um mir zu merken, was der Pfarrer gesagt hatte. Aufgaben hatten wir nicht, auch keine Prüfung. Der Pfarrer sprach zu uns im Profil, auf das er stolz war. Er saß vorne am Klavier und sang sehr männlich und gut. Er sprach zu Herzen von allem Schönen, Edlen und Wahren.

Ich saß ziemlich in der Mitte und sah ihn hingebungsvoll an. Ich glaubte, er wendete sich fast ausschließlich zu mir hin – wenn er etwas wissen wollte, fragte er jedenfalls mich. ‚Und wenn eure braunen Augen so tiefgläubig auf mich gerichtet sind, so will ich euch bekennen…' – und dann kam irgendetwas Banales, und nur meine Augen blickten zu ihm. [...]

Kurz vor der Konfirmation sagte der Pfarrer (wie schon bei den Zwillingen): ‚Wenn ihr euch zu eurer Konfirmation etwas wünschen dürft, dann wünscht euch ein Bild von mir. Ihr bekommt es bei Zipplit an der Halensee-Brücke. Aber nehmt nicht das für dreißig Pfennige von vorn, sondern das für fünfzig Pfennige im Profil!' Das hielt ich dann doch nicht für die wesentliche Vorbereitung auf diesen Tag. Sein Pathos auf der Kanzel und am Altar war erhebend. Leider versprach er sich öfters, und das klang dann wohltönend komisch. ‚Hallulejah!', entrang es sich ihm lautstark, zur Verblüffung der Gemeinde. Auch ‚Der Herr erhebe euch über sein Angesicht' war eine merkwürdige Vorstellung. Eine Predigt ohne Goethezitat gab es bei ihm nicht – eher konnte er schon mal den ‚Herrn und Heiland', wie er Jesus zu nennen pflegte, dabei entbehren. Licht, Kraft, Weg, Geist, leuchten, schauen, sinnen – das waren die Worte, welche er am meisten brauchte und die er uns nahebringen wollte. ‚Wie die zarten Blumen willig sich entfalten…‘ mussten wir als einziges Lied auswendig lernen, und er sang es so schön, dass ich diesen Vers seitdem nicht mehr hören kann.“[94]

Der Empfang des Abendmahls, der als das entscheidende Ereignis bei der Konfirmation galt und in einer separaten Feier begangen wurde, war durch diesen Pfarrer nur sehr unzureichend vorbereitet worden.[95] Auch bei der Mutter sucht Susanne vergeblich nach einer Hilfestellung zum Verständnis dieses Geschehens.

„Nur Dietrich konnte ich fragen, ob das Abendmahl wirklich so etwas Besonderes sei, und er antwortete sehr beruhigend und heilsam: ‚Für mich schon. Ich bin gerne eingeladen, wo man mich gern hat.‘ Diese kurze Auskunft war die beste Vorbereitung, die ich haben konnte, um hier wirklich anzunehmen – wie ein geladener Gast.“ [96]

Gottesdienstbesuch

Ihre erste Abendmahlsfeier wurde für Susanne dann ganz unerwartet zu einem religiösen Schlüsselerlebnis.[97] In der Folgezeit ging sie „oft mit Dietrich in die Kirche“[98] und das Abendmahl war für beide bedeutend: „Ich blieb dann bei dieser Tischgemeinschaft, in Gemeinsamkeit mit Dietrich [...]. Das Abendmahl war mir lebenswichtiger, als es die oft schwache Predigt war, die wir zu hören bekamen."[99] Der gemeinsame Kirchgang mit Dietrich war ihr wichtig, wie sie etwas später schreibt: „Alleine zieht es mich nicht dorthin, nur wenn Dietrich geht."[100] Der regelmäßige Gottesdienstbesuch und die Hochschätzung für das Abendmahl, welche in der damaligen evangelischen Kirche keineswegs üblich war, prägte Dietrich Bonhoeffer also (im Unterschied zu anderslautenden Überlieferungen) schon im Alter von siebzehn Jahren – und sie ist ihm zeitlebens erhalten geblieben, wie wir seiner Praxis im Predigerseminar Finkenwalde und seinem diese Erfahrungen reflektierenden Werk ‚Gemeinsames Leben' entnehmen können.[101] Als Dietrich siebzehn Jahre alt war, legte er bereits sein Abitur ab[102] und begann mit dem Theologiestudium; Susanne war damals vierzehn und mit ihrer Konfirmation religionsmündig geworden. Die Geschwister hatten zum damaligen Zeitpunkt also genug Unabhängigkeit erlangt, um ihren Glaubensweg auch abweichend von der Familie zu gehen. Sie stützten sich dabei gegenseitig, wobei Dietrich die Führung zukam.

Als die beiden Geschwister noch jünger waren, hatten sie dagegen an Karfreitag „christliche Kunstbetrachtung" betrieben[103] und religiöse Gespräche geführt,[104] wobei sie – der familiären Tradition entsprechend – auf den Kirchgang verzichtet hatten:

„Als ich aufhörte, den Sinn des Osterfestes in Ostereiern zu erblicken – als ich also von der Anbetung der Göttin Ostara und ihren Fruchtbarkeitssymbolen zu einem Versuch überging, mit dem christlichen *Auferstehungsfest* etwas anfangen zu können –, stand mir Dietrich zur Seite. In die Kirche ging unsere Familie an Ostern nur, wenn wir in Friedrichsbrunn waren (und auch das nur sehr unvollständig). Dietrich und ich wären auch im Grunewald gerne gegangen, so wie wir es bei meinem Onkel in Waldau immer taten – aber nach einem einmaligen Versuch ließen wir es wieder bleiben. ‚Um zu hören, dass es nun wieder Frühling wird, brauche ich mich nicht in die Kirche zu setzen', sagte Dietrich."[105]

Gemeindearbeit

Susanne und Dietrich *besuchten* nicht nur gemeinsam die Kirche, sondern *gestalteten* auch über einen längeren Zeitraum hinweg zusammen Gottesdienste:

„Als Dietrich im dritten Semester in Berlin studierte, erfuhr er, dass eine gewisse Praxis als Kindergottesdiensthelfer für die erste theologische Prüfung Pflicht wäre. So begann er, in unserer Grunewalder Kirche mitzumachen unter dem Pfarrer, der damals dort Hilfsprediger war. Unser Konfirmator gab keinen Kindergottesdienst. Diese Tätigkeit machte Dietrich große Freude. Seine Gruppe blühte auf, denn er hatte eine fesselnde und ungewöhnliche Art, mit den Jungens umzugehen. Aber mit dem Kreis der Helfer (die meist die Fünfzig überschritten hatten und aus alter Gewohnheit Kindergottesdienst gaben oder weil sie sonst mit ihrer Zeit am Sonntag nichts anzufangen wussten) war er sehr unglücklich. Es war bald nach unserer Heidewanderung, da fragte er mich, ob ich nicht auch mitmachen würde. Unsere gemeinsamen Museumsbesuche hatten aufgehört, seitdem er studierte. Zwar wohnte er jetzt wieder in Berlin, aber er ging sonntags in die Kirche.

So freute ich mich auf das Zusammensein mit Dietrich, das sich auch noch auf einen Abend in der Woche erstreckte, wo Helferinnenbesprechung war. Dass ich vielleicht nicht in der Lage sein würde, Kindern biblische Geschichten zu erzählen, kam mir gar nicht in den Sinn (obwohl ich es noch nie versucht hatte). So sagte ich zu und gehörte damit in den

Helferkreis – als jüngstes Mitglied. Der neue Pfarrer strahlte über die Vermehrung seines Kreises, denn Dietrich hatte noch andere Studenten dazu geholt. Die Alten wurden unruhig. Ein hochadeliges Fräulein, die mir einige ihrer zehnjährigen Mädchen abgeben sollte, war dazu nicht zu bewegen. So unternahm ich meinen ersten Versuch vertretungsweise bei den ganz Kleinen, Vier- und Fünfjährige, die ja bekanntlich die Schwierigsten sind – und das nun gerade am Himmelfahrtstag. Ich versuchte, von Grund auf anzufangen, und fragte, wer denn gemeint sei, wenn Jesus von seinem Vater spräche (zum Beispiel in dem Gebet ‚Unser Vater, der du bist im Himmel')? Schweigen. Ich war betroffen und versuchte es noch mal ganz einfach: ‚Ja, wer ist denn sein Vater?' Da meldete sich ein Kleiner und sagte: ‚Oberregierungsrat'. Man konnte es auch so nennen – aber er hatte wohl verstanden: ‚Was ist denn dein Vater?' Es war entmutigend.

Am nächsten Sonntag hatten drei Jungens aus Dietrichs Gruppe ihre jüngeren Schwestern mitgebracht, und mit denen fing ich nun an, eine neue Gruppe aufzubauen. Es war ein Frühlingstag im Mai. Draußen war herrliches Wetter. Ich kam mir ziemlich blöd vor, dass ich nun jeden Sonntag hier drinsitzen musste und auch Kinder dazu moralisch verpflichtete. Als ich aber mit meinen drei kleinen Mädchen in einer Ecke der Kirche saß und ihnen erzählte, kam ich dabei selbst so in Schwung und die Kinder hingen derartig an meinen Lippen und ließen mich nicht aus den Augen, dass ich Dietrichs Freude an dieser Arbeit begriff. Schon bei der Rückkehr in die Bankreihen ging der Kampf los, wer von den dreien bei der Gesamtbesprechung neben mir sitzen dürfe – ein Geschehen, dem ich erst völlig verständnislos gegenüberstand.

Am Sonntag darauf waren es neun Mädchen. Überläufer aus anderen Gruppen wiesen Dietrich und ich freundlich zurück; es war doch recht peinlich zu hören: ‚Meine Mutti hat gesagt, ich soll zu der Jungen', oder gar ‚Wenn wir nicht zu Ihnen kommen dürfen, gehen wir gar nicht mehr!' Nach vier Wochen waren es dreißig Mädchen zwischen zehn und zwölf Jahren; und da machte ich einen Stopp und sagte: ‚Die Gruppe ist geschlossen!' Für die weiteren Zugänge holte Dietrich noch eine nette Studentin heran. Der ganze Kindergottesdienst war, seit Dietrich mitmachte, enorm gewachsen. Es hatte sich in der Schule herumgesprochen, dass es da ‚knorke' wäre. Mammutgruppen, zu denen keiner mehr hinzukommen durfte, hatten aber nur Dietrich und ich."[106]

Seelsorge

Es ist in den Lebenserinnerungen von Susanne Dreß öfters die Rede davon, dass Dietrich sich in persönlichen Gesprächen als Seelsorger bewährte. So hatte Susanne mit Pornographie und zwanghaften sexuellen Phantasien zu kämpfen, bis Dietrich sie von ihren Selbstzweifeln und Selbstanklagen durch einen hilfreichen Rat erlöste:

„Durch Dietrich hörte ich einen Satz, der mich sehr beeindruckte und mir half. Das Gespräch der Geschwister beschäftigte sich gerade mit Tat- und Gedankensünden. Da zitierte Dietrich ein Lutherwort: ‚Ich kann nicht verhindern, dass die Vögel über meinem Kopf fliegen, aber doch, dass sie in meinen Haaren nisten.' Und weil ich den Flug seitdem nicht mehr so schwer nahm, vermied ich das Nisten."[107]

Als die Heranwachsende von Lebensmüdigkeit und Todessehnsucht heimgesucht wurde, machte Dietrich ihr auf humorvolle Art wieder Mut zum Leben:

„‚Das könnte dir so passen, den ganzen Tag im Kasten liegen und nichts tun', bekam ich zu hören, wenn ich so etwas gegenüber Dietrich äußerte – und vielleicht war es wirklich hauptsächlich Faulheit, weshalb ich gerne tot sein wollte. ‚Das Leben ist eines der schwersten, aber es übt', sagte er mir dann oft zum Trost, wenn ich mal gar nicht recht wollte."[108]

Doch nicht nur bei informellen Gesprächen zeigte sich Dietrichs pastorale Begabung; seine Kompetenz als Theologe war in der Familie auch bei offiziellen Anlässen gefragt. So schlug er den Predigttext zu Susannes Trauung vor,[109] und als die verehrte Großmutter Julie Bonhoeffer 1936 beerdigt wurde, hielt Dietrich „ihr die Grabrede, die auch gedruckt wurde".[110] In ihren letzten Lebenswochen hatte Dietrich sie auf dem Sterbebett begleitet:

„Als die Festtage und Neujahr vorbei waren, blieb sie im Bett. Zu Dietrich sagte sie: ‚Jetzt isch halt g'nug.' Wenige Tage darauf – sie hatte ihn gebeten, möglichst viel bei ihr zu sein – bekam sie erneut eine Lungenentzündung. Was sie, die in Glaubensdingen sehr liberale und verhaltene Frau, mit Dietrich besprach, hat er nie erzählt. Ich höre nur noch ihre Worte zwischen den schweren Atemzügen, als sie bereits im Sterben lag: ‚Mach End, oh Herr, mach Ende'".[111]

Pfarrdienst in London

Im März und April 1934 besuchten Susanne und Walter Dreß, die seit fünf Jahren miteinander verheiratet und noch kinderlos waren, Dietrich in London, wo er in den Jahren von 1933 bis 1935 als Pfarrer in Sydenham im Süden der Stadt und in St. Paul im Eastend für die deutsche Auslandsgemeinde tätig war. Es war Susannes letzte Auslandsreise vor Kriegsausbruch, und durch die anschauliche Art ihrer Berichterstattung erhalten wir eine lebendige Vorstellung davon, wie der Alltag von Dietrich Bonhoeffer während seiner Zeit in London aussah.[112] Weil es sich auch hier um für die Bonhoeffer-Forschung wichtiges Quellenmaterial handelt, werden die betreffenden Passagen in vollem Wortlaut zitiert:

„In dem großen altmodischen Haus befand sich im unteren Stockwerk eine deutsche Privatschule, dann kam Dietrichs Wohnung, und oben in der Mansarde war unser Gastzimmer. Nun lernten wir, uns an Gaskaminen halbseitig braten zu lassen und in ständiger Zugluft zu leben. Für Fenster, die zu dicht schlossen, gab es kleine Keile zu kaufen, die man dazwischen schieben konnte; vielleicht war das wegen des entweichenden Gases wirklich nötig. Wir mussten uns mit unserem Englisch behelfen und durften lange Fahrten nicht scheuen, denn London war noch viel ausgedehnter als Berlin, und wir wohnten weit draußen. Dietrich hatte ja keine Ferien, und in der Zeit über Ostern war er durch Feiertage und Konfirmation besonders beansprucht. Er nahm sich Zeit, so viel er konnte, und am Abend saßen wir oft gemütlich beisammen. Wir begleiteten ihn zu seinen Einladungen und lernten viele deutsche Fleischermeister kennen – die in London weitgehend das kirchliche Deutschtum vertraten. Man konnte gut verstehen, dass deutsche Fleischereien hier zu Reichtum gelangten, denn aus den englischen stank es zehn Meter gegen den Wind nach altem Hammel. Die Londoner Pfarrerschaft hatte sich unter Dietrichs Einfluss bereits weitgehend der Bekennenden Kirche zugewandt – und mit ihnen ihre Gemeinden. Es gab mindestens zehn deutsche Pfarrer in London und Umgebung; nur einer oder zwei von ihnen fühlten sich dem deutsch-christlichen Außenamt unter Heckel verpflichtet. Diese Herren lernten wir nicht kennen, aber viele andere. Dietrich übte für die Karwoche gerade ein altes deutsches Passionsspiel ein. Seine Bitte, für eine erkrankte Mitspielerin einzuspringen, lehnte ich allerdings ab. Ich genierte mich einfach, in dem mir fremden Kreis aufzutreten und dann womöglich steckenzubleiben. Nachher tat es mir leid, dass ich Nein gesagt hatte – aber es fand sich noch jemand anderes, und das Spiel war sehr eindrücklich. Es wurde dann auch in der deutschen Gemeinde in Whitechapel aufgeführt, wo Dietrich oft Vertretung hatte. Den Weg dorthin am Palmsonntag werde ich nicht vergessen: durch Berge von Abfällen vom jüdischen Sonntagsmarkt; auf den Bürgersteigen quergestellte Auslagen von gebrauchten Kleidern – das ganze Ghettogetriebe und die teilweise recht bösen Blicke, weil wir deutsch sprachen. Seltsam dagegen die kleine, singende Gemeinde und ihr Gebet für die deutschen Juden.

Dietrichs Wohnung war mit Möbeln aus dem Elternhaus eingerichtet: Da stand sein Flügel und der urgroßväterliche Bischofsstuhl aus Rom (der vom Trientinischen Konzil stammen soll); es gab Biedermeiermöbel, und Bilder von der Malerfamilie Kalckreuth und ihren Freunden hingen an den Wänden. Er sollte es hübsch und ein bisschen repräsentativ haben in seinem Junggesellen-Pfarramt. Eine häusliche Hilfe war auch vorhanden. Das war auch nötig, denn ständig hatte er Logiergäste und anderen Besuch. Während wir da waren, lebte Jehle, ein junger Physiker, unten bei Dietrich in der Wohnung – wohl ein Schüler meines ältesten Bruders Karl-Friedrich, der später in Amerika Professor wurde. Sein Zimmer lag hinter dem großen Raum, wo Dietrich arbeitete und schlief.

Er war oft in England unterwegs, hatte also freien Zutritt, wann immer er wollte. Es war ein ungewöhnlich frommer Mann, der mit der Bergpredigt ernst machen wollte und es in Deutschland nicht mehr aushielt. Eines Morgens erzählte Dietrich: Als er am Morgen ins Wohnzimmer kam, das sich an sein Zimmer anschloss, sei er furchtbar erschrocken – unter dem Flügel hätte eine leblose Gestalt gelegen. Bei näherer Betrachtung stellte sich diese aber als Herr Jehle heraus, der spät von einer Fahrt zurückgekommen war. Da bei Dietrich kein Licht mehr brannte und er ihn mit dem Gang durch sein Zimmer nicht wecken wollte, hatte er sich dort auf dem Fußboden zur Ruhe begeben. ‚Ja, warum denn unter dem Flügel?' – ‚Damit du nicht erschrickst, wenn du nachts aufstehst und auf mich trittst!' Solche frappierende Rücksichtnahme leistete er sich immer wieder und war dadurch ein etwas beängstigender, aber auch lustiger Hausgenosse.

Wir erlebten auch mit, wie Dietrichs deutsche Haushaltshilfe überschnappte. Eine seltsame alte Jungfer war sie schon immer gewesen. Eines Mittags aber, als wir uns auf ihr Läuten hin zu Tisch begaben, kam das Essen nicht herein. Ich wollte sie nicht hetzen; schließlich fragte Dietrich, ob es bald so weit wäre. Da brachte sie auf edler Platte ein Fischgerippe herein. Es wäre so aus dem

Kochwasser gekommen. Wir aßen also Kartoffeln mit Butter, und Dietrich rief im deutschen Hospital an und bat um den Besuch eines Arztes. Aber noch ehe dieser erschien, wurde das Badezimmer mit Toilette von ihr abgeschlossen, was uns allen schließlich lästig wurde. Auf Dietrichs dringende Bitte, da herauszukommen, bekam er die Antwort der alten Jungfer: Es wäre unmöglich, sie wäre gerade dabei, das Jesuskind zu gebären. Kurze Zeit später kam auf nochmaligen Anruf der Arzt mit Pflegern, und die Arme musste auf die heilige Geburt in der Anstalt warten. Gut, dass ich da war, um den Haushalt zu führen (was ja bei mir nicht viel Zeit beanspruchte), bis Dietrich aus Deutschland Ersatz bekam. Leider war das eine verkrachte Theologin, die ihn glühend verehrte – was er sich nicht vorstellen konnte, da sie fünfzehn Jahre älter war als er. Lange dauerte auch diese Freude nicht.

Abgesehen von diesen Zwischenfällen waren es fünf herrlich erholsame und ausgefüllte Wochen in London. Einmal fuhren wir zusammen nach Canterbury, um etwas von der Umgebung zu sehen; auch Kew Gardens und Winchester besuchte Dietrich mit uns. Und wir sahen den wunderbaren Flohmarkt, wo es vom rostigen Nagel bis zum antiken Prunkstuhl, vom alten Restchen Gummiband bis zum Frack alles gab; außerdem Tiere jeglicher

Art von weißen Mäusen bis zum Affen; aber auch Silbergerät, schöne antike Gebrauchsgegenstände, Kitsch und Kunst bunt gemischt. Dietrich schenkte mir sechs indische Krebslöffel, die ich noch heute habe. In den Museen ließ er uns allein weilen. Und wie wir weilten – tagelang! [...] Manchmal, wenn er Zeit hatte, holte uns Dietrich in der Stadt ab, und wir gingen in ein nettes Lokal in Soho oder ins ‚Criterion', wo man am Eingang bezahlte und dann so viel Kuchen und Sandwichs zum Tee haben konnte, wie man essen mochte. Mein mitgebrachtes Goldstück hatte ich Dietrich übereignet, der uns ja die ganze Zeit über freihielt und versorgte. Er bekam immer gerne Geld – aber nur, um es auszugeben, besonders für andere.[113] Die Zeit ging viel zu schnell vorbei, obwohl wir jeden Tag nutzten. Auf ein Wiedersehen in London konnte man nicht hoffen, denn Dietrich hatte bereits andere Pläne. Man wollte ihn zurück in Deutschland haben; außerdem hatte er eine Einladung zu Gandhi nach Indien, was ihn sehr lockte. Alles erschien uns damals so provisorisch, dass nur das Nächstliegende feststand – und das war für uns der Semesterbeginn am 2. Mai in Berlin. So presste man in die letzten Tage noch hinein, was möglich war, und nahm mühsam Abschied von den guten Gesprächen, von Dietrichs Klavierspiel, vom letzten Mal gemeinsamem Leben und täglichem Umgang, von der bezaubernden Stadt und vielen neugewonnenen Bekannten. Das Wetter war kalt und trüb gewesen; jetzt endlich wurde es Frühling (viel später als sonst in England), und unsere letzte Fahrt ging noch einmal nach Kew Gardens, wo nun die Bäume blühten.“[114]

Dietrich Bonhoeffer und die Moral

Dass für Dietrich Bonhoeffer nicht nur die Religion wichtig war, sondern dass ihm dabei Fragen von Moral und *Ethik*[115] ein besonderes Anliegen waren, wird an vielen Stellen in den Lebenserinnerungen seiner Schwester Susanne deutlich. So berichtet sie etwa ausführlich von den zahlreichen Ritualen der Weihnachtswochen, die sich von Oktober bis Januar hinzogen – unter anderem davon, wie das selbstgemachte Marzipankonfekt zubereitet wurde, eine Spezialität ihrer Mutter (die ansonsten die tägliche Küchenarbeit getrost den zahlreichen Hausangestellten überlassen konnte, vor allem der langjährige Köchin Anna). Susanne fährt mit ihrer Erzählung fort:

„Die andere lukullische heilige Handlung war die Zubereitung einer Gänseleberpastete nach altem Familienrezept, die meine Mutter persönlich vornahm (allerdings erst wieder in besseren Zeiten). Es war eine Art Handarbeit von ihr für meinen Vater, der diese sehr schätzte. Alle abgekochten und vorbereiteten Zutaten wurden ins Esszimmer gebracht, und meine Mutter hantierte dort hausfraulich in weißer Schürze – stark verfremdet. In Steintöpfe eingedrückt diente dieses Gericht an den Feiertagen als Vorspeise. Doch als Dietrich als junger Student irgendwie erfuhr, dass das Gänsestopfen, welches für die Leberpastete unbedingt notwendig sei, eine üble Tierquälerei wäre, machte er einen Aufstand gegen diesen Genuss, und meine Mutter ließ sich überzeugen. Sie fabrizierte und kaufte nie wieder Gänseleberpastete. Nun blieb ihr nur noch, ihre ganze Liebe in den vorzüglichen Heringssalat zu legen, von dem unter ihrer Aufsicht und Mitwirkung sicher ein viertel Zentner entstand. So viel wurde auch gebraucht."[116]

Diese kleine Episode ist insofern bemerkenswert, als der Vater Karl Bonhoeffer in der Familie uneingeschränkte Autorität genoss und die Mutter der Beziehung zu ihrem Mann deutlich Priorität gegenüber den Kindern einräumte. An anderer Stelle schreibt Susanne über ihre Mutter:

„So hatten wir doch das Gefühl, dass sie in erster Linie und eigentlich ausschließlich für unseren Vater da war. Dass auch für meinen Vater nur meine Mutter galt und wir Kinder nur insoweit infrage kamen, wie wir ihr Freude machten, schien uns keinem Zweifel unterworfen. Wir fanden das auch ganz richtig so; mir schien jede Ehe, von der ich merkte, dass es anders war, eigentlich recht unglücklich. Wir waren Folgen, aber nicht Zweck der Ehe meiner Eltern.“[117]

Obwohl ihr Ehemann also für Paula das Wichtigste in ihrem Leben war und er diese Gänseleberpastete besonders gerne mochte und obwohl diese Speise eines der wenigen Gerichte war, bei dem sie die Liebe zu ihrem Mann ‚durch den Magen gehen‘ lassen konnte, war es Dietrich gelungen, seine Mutter davon abzubringen. Die ethischen Argumente, die Dietrich dafür anführte, müssen gewichtig und mit Engagement vorgetragen worden sein.

Dietrich konnte den Vater auch direkt infrage stellen, wenn es um moralische Probleme ging – sogar, als er noch ein kleiner Junge war. „‚Ich finde es gemein von Papa, dass er von kranken Leuten Geld nimmt!‘, sagte Dietrich, als er bemerkte, worauf sich unser Haushalt gründete.“[118] Seiner Ansicht nach hätte man die Kranken umsonst behandeln müssen. Als die Familie einmal beim Osterspaziergang in Friedrichsbrunn einen kleinen Hasen in einer Schlinge gefangen fand, berichtet Susanne: „Dietrich bekam einen richtigen Wutausbruch über die Fallensteller."[119] Dass Dietrich auch leidenschaftlich und zornig werden konnte, wenn es um moralische Fragen ging, kommt auch an anderen Stellen zum Ausdruck. So erzählt Susanne von ihrer gemeinsamen Heidewanderung im Frühjahr 1926, bei der sie mit einem Kahn über die Elbe setzten. Als der Fährmann dabei anzügliche Lieder sang, erregte er Dietrichs Unmut.[120] Wenig später wollten sie Quartier in einem heruntergekommenen Gasthaus am Hamburger Bahnhof nehmen und wurden von den anderen Gästen dort angepöbelt:

„Wir bekommen einen kleinen Raum zum Essen und bestellen Rührei. Wir passen hier nicht hin, und das merken die anderen auch. Sie fangen an, sich uns zu nähern, tanzen brüllend an uns vorbei und stoßen an unsere Stühle. Dietrich wird Herrenmensch und fährt sie an. Ein Augenblick Ruhe, dann erscheinen sie verstärkt. Dietrich erhebt sich und sagt zu uns: ‚Raus hier!' – Und das bestellte Rührei? – ‚Sollen die anderen zahlen!', sagt er, und wir verlassen geschlossen das ungastliche Haus."[121]

Hier zeigte Dietrich Initiative und Tatkraft, und es wird deutlich, dass moralisches Handeln für ihn nicht bedeutete, sich alles gefallen zu lassen. Er wusste sich zur Wehr zu setzen – eine Eigenschaft, die ihm später, als er von der Gestapo verhaftet wurde, gute Dienste erwies und eine gewisse Achtung verschaffte, die das Leben im Gefängnis in Tegel wenigstens ein bisschen erträglicher machte. Auch Dietrichs ältere Schwester Christine, die gleichzeitig mit ihm verhaftet wurde, konnte sich übrigens durchsetzen. Weil Susannes Bericht darüber außerordentlich anschaulich ist und auch einige Rückschlüsse auf Dietrichs Verhalten im Gefängnis zulässt, sei er hier zitiert:

„Als Christel nach ihrer Verhaftung eingeliefert worden war (also an dem Nachmittag, als wir nach ihr suchten), hatte sie sich sofort auf die Pritsche gelegt. Kurz darauf war die Tür aufgerissen worden, und eine Wärterin hatte sie angeschrien: ‚Aufstehn! Liegen ist erst ab 18 Uhr erlaubt!' – ‚Machen Sie die Tür zu', sagte Christel, ‚ich habe ein ärztliches Attest', und sie drehte sich zur Wand. Es wurde nie angefordert und war ja auch nicht da. Am Abend öffnete sich die Zellentür wieder, und ein Kanten Brot flog herein. Sie ergriff ihn, warf ihn im selben Moment wieder heraus und rief: ‚Tür zu!' Am Morgen war man schon vorsichtiger und stellte ihr ein Getränk und ein Stück Brot auf die Erde. Da stand es noch, als der Suppenteller gebracht wurde. Sie stellte ihn dazu. Sie konnte (so wie ich) bei gutem Willen tagelang hungern. Aber man dachte an Hungerstreik, und die Oberwärterin kam, um ihr gut zuzureden. Sie verlangte eine Diät, sie wäre krank – und bekam das auch. Übrigens hatte sich Dietrich im Männergefängnis ebenso durchgesetzt und wurde nun höflich bedient. Am zweiten Tag durfte Christel im Hof eine halbe Stunde alleine im Kreis laufen, unter der Aufsicht eines Polizisten. Der sah sich die wohl etwas ungewöhnliche Gefangene ein Weilchen an und fragte dann: ‚Na, unvorsichtig gewesen?' – ‚Ich nicht', antwortete Christel, ‚aber Sie jetzt'. Ihre absolute Schlagfertigkeit war ihr also nicht abhandengekommen. Bei ihren Vernehmungen stellte sie sich ‚Mullekin doof' – ‚als ob ich immer nur im Kochtopf gerührt hätte', sagte sie. Da sie über alles völlig orientiert war, wusste sie auch, worauf man bei ihr hinauswollte und führte den Untersuchungsrichter mit Vergnügen in die Irre. Dabei mimte sie ständig die Schwerkranke. Wurde sie nach Namen gefragt, kannte sie den und jenen aus der Zeitung oder war mit einem kleinen Mädchen dieses Namens ins fünfte Schuljahr gegangen."[122]

Dietrich Bonhoeffer und die Politik

Krieg und Pazifismus

Ebenso wie sich für Dietrich Bonhoeffer die Religion an der Ethik zu messen hatte, so musste sich in seiner Lebenssituation die Ethik im Bereich der Politik bewähren. In den Lebenserinnerungen von Susanne Dreß finden sich etliche Stellen, aus denen sich Wichtiges über Dietrichs politische Einstellung entnehmen lässt.

Beginnen wir mit Susannes frühester Erinnerung: dem Spiel im elterlichen Garten der Villa in der Wangenheimstraße 14 im Grunewald, wohin die Eltern Karl und Paula Bonhoeffer im Jahr 1916, mitten im 1. Weltkrieg, umgezogen waren. Die Eltern waren wohlhabend und gebildet und ihr Patriotismus hielt sich in Grenzen – allenfalls durch die Hausangestellten und natürlich durch die allgegenwärtige Kriegspropaganda in Schule und Öffentlichkeit wurden die Kinder für den Krieg begeistert. Vor allem die jüngeren Geschwister ließen sich davon anstecken:

„Dietrich war noch am ehesten für Fähnchen und harmlose patriotische Belange zu gewinnen, und er nahm Sabine ins Schlepptau."[123] Die kaisertreue Hausangestellte Elfriede nahm die ‚drei Kleinen' Dietrich, Sabine und Susanne in ihrem Zimmer in ihre Obhut:

„Elfriede stopfte Soldatensocken; ich weiß nicht, wie sie dazu kam. Sie waren grau und dick, und die Zwillinge und ich durften bei ihr unten im Zimmer sitzen, bekamen spitze Papiermützen auf die Köpfe, waren somit Heinzelmännchen und halfen ihr. Ich suchte die Löcher und ordnete die gestopften Socken, aber Dietrich und Sabine stopften schon mit dicken Nadeln. Dabei sangen wir Soldatenlieder im Souterrain."[124]

Dietrich und seine Geschwistern veranstalteten zusammen mit den beiden Nachbarsjungen Günther und Bubi Kriegsspiele im elterlichen Garten, wobei sich jungenhafter Wettkampf und kindlicher Sportsgeist (sowie die Sammelleidenschaft für die damals so beliebten Zinnsoldaten) mischten. Das naive Treiben wurde noch nicht durch politisches Problembewusstsein gebremst. Dass die Eltern keinen Einhalt geboten, war wohl kaum ihrem Nationalbewusstsein, sondern vielmehr ihrer liberalen

Haltung in Erziehungsfragen zu verdanken, die sie auch sonst vielfach an den Tag legten. Sie waren der Meinung, dass ihre Kinder bald selbst erkennen würden, was vom Krieg zu halten sei – und damit sollten sie allemal recht behalten.

„In den *Kriegsjahren* 1916–18 wird mein rosenumrankter Spielplatz zeitweise zur Festung und der Garten zum Kriegsschauplatz. Dietrich ist dann Oberbefehlshaber (meistens Hauptmann), Bubi und ich sind seine Adjutanten. Erst war das Sabine, aber die hat sich bald in die Etappe zurückgezogen und liefert die Orden, Uniformen und Waffen. Unser Heer gleicht mehr einer Landsknechtstruppe. Pappschwerter, Pfeil und Bogen sowie Lanzen bilden die ungefährliche Bewaffnung, die Sabine malerisch ausgeschmückt herstellt. Ich besitze allerdings eine Pappbrustwehr und einen Pappstahlhelm. Günther ist Schreiber. Er hatte ein Notizbuch mit dem geheimnisvollen Wort *Notes* darauf und sein Büro im Hühnerstall. Dort sitzt er im Schlachtgetümmel – eifrig notierend auf dem Brett, die Füße auf der Hühnerleiter, auch bei Regen geschützt – und verhält sich passiv. Manchmal ist der Feind imaginär, manchmal bilden wir aber auch zwei Parteien, je nachdem, wie viele Nachbarkinder dazukommen. Ich bin immer Fußvolk, weil ich das am tapfersten finde. Nur wenn es eine Angriffspartei gibt, überträgt mir Dietrich das Oberkommando über die Feinde. Dann wird mein Herz hin und hergerissen, und es ist nicht leicht, fair zu spielen und ernstlich meine Sandkastenfestung anzugreifen. Aber das Anschleichen, heimlich durch die benachbarten Grundstücke und Schrebergärten, macht auch Spaß.

Die Bank neben dem Sandkasten ist die besonders zu bewachende Munitionsfabrik. Nasser Sand, zu Kugeln gebacken und in feuchtes Zeitungspapier gewickelt, gibt im halbgetrockneten Zustand sehr gute und gefährliche Schusswaffen. Berge solcher Klumpen türmen sich auf und werden im Garten verteilt. Das Spiel gewinnt an Intention, als die Brüder Soldaten sind. Walter behauptet auf seinem letzten Urlaub, er könne gegen uns alle die Festung erstürmen und die Fahne erobern. Wir nageln ihn darauf fest, und am Nachmittag ist großes Aufgebot der Nachbarschaftskinder. Die Eltern sind Zuschauer vom hohen Balkon. Das erste Mal ist er schon mit einem Sprung über den halbhohen Rosenzaun gesetzt (nachdem er sich lautlos im Gebüsch angepirscht hatte), während wir noch in unserer Festung strategische Verhandlungen führten. Die Schlacht ist verloren. Auf ein Neues! Walter muss hinters Haus, bis wir uns verteilt haben. Ich hüte mit Bubi die Fahne direkt am Sandkasten. Der Kampf entbrennt. Der

Feind rückt unerbittlich näher, Bubi stürzt sich ins Gewimmel. Walter bricht durch, mit einem Satz über den Zaun ist er wieder im Sandkasten. ‚Schweinerei', sagt er, denn keine Fahne ist da. Ich habe sie zwar nicht verschluckt, sondern nur im letzten Moment ganz tief in den Sand geschoben – doch soll er nur suchen! Die Meute stürzt auf ihn, um ihn zu fangen, ich buddele die Fahne in Windeseile aus und renne mit ihr davon. Gesiegt! Aber es gilt nicht, sagen die Großen."[125]

Schon bald fanden der Krieg und dieses unbedarfte Spiel ein jähes Ende, wie Susanne im nächsten Satz berichtet.[126] Immerhin kann man daran erkennen, dass Dietrich die pazifistische Grundhaltung, zu der er sich später unter Einsatz seines Lebens durchrang, nicht in die Wiege gelegt worden war, sondern dass er sie angesichts des in seinem Umfeld tief verwurzelten preußischen Militarismus in persönlicher Freiheit mühsam erarbeitete.[127]

Nationalsozialismus

Für die Bonhoeffer-Forschung von höchstem Interesse ist die Frage, wie sich Dietrich Bonhoeffer gegenüber dem Nazi-Regime verhalten hat. Auch hierzu finden sich viele und bedeutsame Hinweise in den Lebenserinnerungen von Susanne Dreß. Dietrich Bonhoeffer stand seit 1935 im Dienst der Bekennenden Kirche, wo er eine Ausbildungsstätte für Vikare im Predigerseminar Finkenwalde leitete. Zwar fuhr er von dort aus weiterhin an die Berliner Universität, um Vorlesungen zu halten (wozu er als habilitierter Theologe verpflichtet war). Doch er verhielt sich nonkonform und entzog sich dem Druck von Erich Seeberg, der Mitglied der NSDAP und Vorstand der Deutschen Christen war; als Dekan an der Evangelischen Fakultät bemühte dieser sich, das Kollegium geschlossen ‚auf Linie' zu bringen. Dass ihm dies misslang, beweist einmal mehr Dietrichs geistige Unabhängigkeit, denn Erich Seeberg war der Sohn von Bonhoeffers Doktorvater Reinhold Seeberg. Susanne berichtet darüber:

„Damals tauchten einige gestiefelte SA-Theologen auf, die Assistentenstellen bekamen, ohne habilitiert zu sein. Die Dozenten, die oft wesentlich älter als Dietrich und Walter und teilweise verheiratet waren, eilten nun in die Reihen der Deutschen Christen, und S. hätte so gerne eine geschlossene Formation gemeldet. Da ihm das durch uns vereitelt wurde, war er verärgert. Er behauptete zwar, dass das Christentum ein übler Schwindel und nichts als Phrase sei – aber weil er selbst davon keineswegs betroffen wäre und diese Dinge ihn nicht interessierten, sei es ihm egal, was die Leute glauben wollten. Jetzt wäre es eben klug, mit Hitler zu marschieren."[128]

Diese Haltung forderte ihren Preis, und sowohl Dietrich als auch Susannes Mann Walter mussten den Entzug der Lehrbefugnis hinnehmen:

„Zum Wintersemester 1936 war Walter die Lehrbefugnis entzogen worden. Die Eltern führten uns zu Kempinski und tranken mit uns eine Flasche Sekt darauf. Dasselbe hatten wir schon ein paar Monate zuvor mit Dietrich gefeiert."[129]

In einer Diktatur sind Regimekritiker darum bemüht, Gleichgesinnte zu suchen und sich gegenseitig zu unterstützen. Die Bonhoeffers fanden den notwendigen Rückhalt vor allem in ihrer eigenen Familie – alle Kinder und Schwiegerkinder waren sich in ihrer Haltung gegen den Nationalsozialismus einig. Jeder versuchte in seinem eigenen Umfeld und entsprechend seines beruflichen Wirkungskreises, Einfluss gegen das Nazi-Regime zu nehmen: Klaus Bonhoeffer als Syndikus bei der Lufthansa in Bezug auf juristische Fragen und Hans von Dohnanyi als

Regierungsrat im Reichjustizministerium. Dietrich als Theologe nahm eine führende Rolle in der Bekennenden Kirche ein. Später schlossen sich diese drei Männer explizit dem Widerstand gegen Hitler an und waren an der Verschwörung des 20. Juli beteiligt, wofür sie schließlich mit ihrem Leben bezahlen mussten.

Dietrich hatte aufgrund seiner bisherigen Tätigkeiten und Auslandsaufenthalte eine Vielzahl von Kontakten, die der Familie und der Arbeit im Widerstand von Nutzen waren. So berichtet Susanne etwa von einem Besuch auf Schloss Rosenhöhe bei Polzin, das von zwei Frauen geführt wurde (vermutlich, weil die Männer im Krieg waren).

> „Abends waren sie dann sehr gebildete und interessante Unterhalterinnen ihrer Gäste. Da sie diese selbst ausgewählt hatten, konnten sie sich im Gespräch mit ihnen ganz frei bewegen. Natürlich wurde englischer Sender gehört, sonst wären die Eltern nicht dort gewesen. Solche Adressen wurden auch nur unter der Hand weitergegeben, und wir kamen durch Dietrichs Kontakte dazu.“[130]

Dietrich pflegte intensive Freundschaften zu Gesinnungsgenossen, u. a. zu Franz Hildebrandt, der ebenfalls evangelischer Pfarrer war. Weil er eine jüdische Mutter hatte, galt er als ‚Halbjude' und wurde wegen des Arierparagraphen in der Kirche nicht zum Dienst zugelassen. Aus Protest dagegen lehnte auch Dietrich die Pfarrstelle ab, die er sich mit Franz hatte teilen wollen, und während seiner Zeit in London bot er Franz (der nach England emigrierte) Unterkunft. Im Jahr 1933 aber lebte Franz noch in Berlin, wie Susanne berichtet: „Besonders oft war ich aber [im Gottesdienst] in Dahlem – vor allem, wenn Dietrichs Freund Franz Hildebrandt dort predigte."[131] Seit August 1938 hatte Walter Dreß die Vertretungspfarrstelle des im KZ inhaftierten Martin Niemöller in der evangelischen Kirchengemeinde Berlin-Dahlem inne, und das Ehepaar wohnte mit den beiden kleinen Söhnen in einer Wohnung in der Helfferichstraße 18 am Roseneck. Dort boten sie der sich formierenden Widerstandsgruppe einen Rückzugsort:

„Bald wurde die Bindung [zu den Dahlemer Nachbarn Hans und Elisabeth Haeften] noch erheblich enger, da Haeftens zur selben Widerstandsgruppe gehörten wie meine Brüder – wenn auch Hans mehr zu den ‚Kreisauern' neigte und sein Bruder Peter zur Aktivität. Da ein Besuch in Pfarrhaus immer begründet werden konnte, traf man sich bei uns: Klaus, Dietrich, John (der in Erlenbusch wohnte), Louis Ferdinand (er war mit Klaus in der Lufthansa tätig) und eben Haeftens. Walter und ich ließen die Verschwörer dann allerdings allein, weil jeder, der nicht direkt mittätig war, besser keine Einzelheiten wusste. Natürlich waren uns geplante Attentate bekannt, weil die Gefahr eines Bürgerkriegs, wenn auch nur für kurze Zeit, immer vorhanden war. Wenn meine Mutter oder Christel anriefen und sagten, es wäre doch nett, wenn meine Schwiegermutter oder Ilse zu uns auf Besuch kämen, so war es eindeutig, dass wieder ein Versuch bevorstand – denn sie wohnten gegenüber der SS-Kaserne, und dort konnte es zu Kämpfen kommen. Wie oft nächtigten sie bei uns – doch immer war die Hoffnung umsonst!"[132]

Dietrich Bonhoeffers Verhaftung

Die Tätigkeit im Widerstand führte am 5. April 1943 zur Verhaftung von Hans und Christine von Dohnanyi und Dietrich Bonhoeffer. Susanne stand dieser Tag noch Jahrzehnte später deutlich vor Augen, und in ihren Lebenserinnerungen überliefert sie wertvolles Quellenmaterial zu den Geschehnissen, das hier ungekürzt wiedergegeben wird:

„Ich saß mit meinem Frauenkreis unten im Pfarrhaus in der Pacelli-Allee, als Frau Arndt die Bibelarbeit unterbrach und sagte, ich möge sofort bei meinen Eltern anrufen. Ursel war am Apparat und bat mich, umgehend zum Roseneck zu kommen. Ich löste den Kreis auf und rannte hin. Es war etwa Mittagszeit, und ich bat Erna, die Kinder zu versorgen. Jetzt war mir klar, dass die Gewitterschwüle, die wir in letzter Zeit in der Familie erlebt hatten und die wir mit größter Mühe vor ein paar Tagen am 75. Geburtstag meines Vaters aufzuheitern versucht hatten, vorüber war. Es hatte eingeschlagen. Ich traf Ursel mit einem kleinen Köfferchen in der Hand. Dietrich, Hans und Christel waren verhaftet worden. Irgendjemand holte die Dohnanyi-Kinder zu den Großeltern. Wir hatten vor, von Frauengefängnis zu Frauengefängnis zu ziehen, um nach unserer Schwester zu fragen. Das Köfferchen enthielt Waschzeug, Wäsche und ein kleines Kissen. Christel hatte erst vor Kurzem eine Unterleibsoperation durchgemacht und war noch rekonvaleszent. Ich weiß noch, wie sie mir am Krankenbett im Franziskus-Krankenhaus gesagt hatte: ‚Ich hätte das alles viel leichter haben können – aber vielleicht möchten wir, wenn die Nazis weg sind, doch noch mal Kinder haben.'

Ursel hatte die Adressen von fünf Frauengefängnissen herausgesucht. Wir fuhren mit der BVG und der

Stadtbahn von einem zum andern, quer durch Berlin. Wir antichambrierten und sagten dann überall unser Sprüchlein her, dass wir unserer Schwester, die heute hier eingeliefert worden wäre, Waschzeug bringen wollten, falls sie nicht zur Nacht zurückkäme. Immer erfolglos. ‚Is da oben 'n Eingang, Christine?', fragte der Moabiter Pförtner am Telefon. Der Nachname ‚von Dohnanyi' ließ sich für ihn wohl zu schwer aussprechen. Es wurde uns stets mitgeteilt, dass wir am falschen Ort seien. Sehr niedergeschlagen und unglücklich kehrten wir zu den Eltern zurück. Wir wussten ja nicht, dass Christel als ‚staatsgefährlich' nur unter einer Nummer eingeliefert worden ist. Es war Klaus bei der Suche nach Dietrich und Hans genauso ergangen. Da Hauptsicherheitsamt und Wehrmacht in diesem Fall schlecht zusammenarbeiteten, dauerte es etliche Tage, bis Paul von Hase[133] festgestellt hatte, dass Christel im Polizeigefängnis am Kaiserdamm, Dietrich in Tegel und Hans im Offiziers-Gefängnis Moabit war. Nun galt es, Gesuche einzureichen für die Erlaubnis, Wäsche, Zigaretten, Lesestoff und Lebensmittel zu bringen. Alles gesondert anfordern! Mein Vater setzte das ziemlich schnell durch, sodass kaum eine Woche verging, bis sie die ersten Grüße hatten – bei Christel ging es am schnellsten. Doch eine Besuchserlaubnis gab es erst nach sechs Wochen (das heißt: dann konnte man sie beantragen).“[134]

Dietrich Bonhoeffer im Gefängnis

Über die nun folgende Zeit im Gefängnis, das Dietrich Bonhoeffer nicht mehr lebend verlassen sollte, gibt es besonders viele und bedeutsame Mitteilungen in den Lebenserinnerungen von Susanne. Ihre Schwester Christine wurde nach einigen Wochen in Haft wieder entlassen, und so konnte die Familie Augenzeugen-Berichte über die Zustände im Gefängnis und das Leben der Gefangen erhalten:

„Bald hatte sie auch ihren alten, unverwüstlichen Humor zurück und erzählte von ihrer Gefängniszeit herrliche Geschichten. Trotzdem blieb der dauernde Druck, dass Hans und Dietrich noch inhaftiert waren. Christel war beiden bei ihren Verhören gegenübergestellt worden und konnte nun den Eltern auch davon und von der ruhigen, sicheren Haltung der Gefangenen berichten.“[135]

Susanne übernahm die Aufgabe, den Kontakt zu Dietrich zu halten, und fuhr fast jeden Freitag zum Untersuchungsgefängnis Tegel, um Wäsche, Essen, Bücher und geheime Nachrichten zu überbringen und so oft wie möglich mit Dietrich zu sprechen.[136] Dabei musste sie weite Strecken mit dem Fahrrad zurücklegen.[137]

Dietrich hatte sich im Januar 1943, kurz vor seiner Verhaftung, mit der damals siebzehnjährigen Maria von Wedemeyer verlobt. Der Briefwechsel zwischen den beiden stellt ein eindringliches und erschütterndes Zeugnis ihrer Liebe dar.[138] Susanne berichtet über diese Beziehung mit folgenden Worten:

„Renate verlobte sich mit Dietrichs Freund Eberhard Bethge (zu Michaels Entsetzen, weil er sie bisher noch als Kind gekannt hatte). Auch Dietrichs Verlobung, die schon eine Weile im Geheimen bestand, wurde nun, da er in Haft war, von der Brautmutter öffentlich gemacht, damit Maria die Erlaubnis bekam, ihn zu besuchen. ‚Z.Zt. Untersuchungsgefängnis Tegel' war in den Kreisen, zu denen das Brautpaar gehörte, keine Schande mehr. So wie damals, als mein Vater, immer wenn einer seiner Söhne inklusive Schwiegersöhne durch die Nazis amtsgeschädigt wurde, dies zum Anlass nahm, mit demjenigen und der Familie bei Kempinski eine Flasche Sekt zu trinken. Maria von Wedemeyer zog zu den Eltern. Sie wollte wohl in Dietrichs Nähe sein. Aber mit ihren siebzehn

Jahren, die sie bisher auf einem ländlichen Gut verbracht hatte, war sie in der städtischen Atmosphäre bei den alten Schwiegereltern und den sehr viel älteren Schwägerinnen überfordert. Meine Eltern wandten sich ihr mit großer Liebe zu, auch wir Geschwister. Ich las neulich bei Bethges einen Brief, den ich Dietrich zu seiner Verlobung ins Gefängnis geschrieben hatte, und der wirklich sehr herzlich gratulierend war. Aber Maria fühlte sich trotzdem nicht wohl bei uns – jedenfalls hat sie sich später so geäußert. Ich weiß noch, dass in dieser Zeit ihre Großmutter, eine alte, sehr würdige Frau von Kleist, meine Eltern besuchen kam und wir drei Schwestern zum Tee gebeten wurden. Ich dachte, ich sehe nicht recht, als Ursel und Christel tief in die Knie gingen und ihr die Hand küssten. Ich brachte das nicht fertig. Es schien, als läge eine ganze Generation zwischen meinen Schwestern und mir, und ich reichte der alten Dame freundlich die Hand. Maria, fünfzehn Jahre jünger als ich, war diesen Hofknicks mit Handkuss gegenüber der Großmutter durchaus gewohnt. Es lag also nicht nur an der Generation, die eine andere war – wir lebten in verschiedenen Welten. Meine Schwestern fanden es falsch, dass ich den Handkuss weggelassen hatte; doch ich berief mich auf meinen geistlichen Stand und erklärte, dass ich niemandem, den ich nicht kenne, die Hand küsse. Meine Mutter stand mir bei. Zwar habe ich ihr nach 1945 beim Abschied oft die Hand geküsst, aber das hat sie nicht erwartet.

Dietrich hatte darum gebeten, dass Renates Hochzeit nicht aus Rücksicht auf ihn verschoben würde. Christel brachte es noch nicht fertig, zu diesem Fest zu gehen; so vertrat uns Michael, und ich hütete nach dem Gottesdienst zusammen mit Christel im Nebenhaus von Schleichers die kleineren Kinder. Ich mochte Christel nicht alleine lassen. So rückte ich mit den erwachsenen Neffen und Nichten (Klaus von Dohnanyi war Flak-Helfer) doch deutlich in die dritte Generation. Im Jahr darauf war ich dann Großtante."[139]

Susanne kümmerte sich nicht nur intensiv um die inhaftierten Familienmitglieder – vor allem um ihren Bruder Dietrich –, sie ließ auch ihre Söhne daran Anteil nehmen. Zwar waren sie damals noch klein (zum Zeitpunkt der Inhaftierung war Michael acht und Andreas fünf Jahre alt), doch Susanne konnte sich außergewöhnlich gut in Kinder einfühlen und hatte ihre ganz eigene Art, mit ihnen umzugehen. Entgegen den damaligen Gepflogenheiten spürte sie, dass auch jüngere Kinder viel mehr ahnen, als Erwachsene wahrhaben wollen und dass ihre Ängste noch größer werden, wenn man unangenehme Wahrheiten von ihnen fernhalten will. So kam im Herbst 1943 der ältere Sohn Michael auf dessen Wunsch hin aus seiner Evakuierung in Friedrichsbrunn für eine Woche nach Berlin, und sie nahm ihn auch bei ihrer wöchentlichen Fahrt ins Gefängnis Tegel mit. Zwar konnten sie an diesem Tag mit Dietrich nicht persönlich zusammentreffen, doch erfuhr er nachträglich von diesem Besuch und ließ seinem Neffen in einem Brief an die Eltern Dank ausrichten. In ihren Lebenserinnerungen berichtet Susanne davon:

„Ich nahm Michael natürlich überallhin mit. Also auch zu Onkel Dietrich in das Tegeler Gefängnis. Wir gaben unsere Sachen dort ab und hofften sehr, dass uns eine Gelegenheit gegeben würde, ihn zu sehen. Als Grund für die Gefangenschaft der Onkel hatte ich den Kindern wahrheitsgemäß gesagt, dass sie alles versucht hätten, damit der Krieg aufhöre, und dass sie auch Juden geholfen hätten, ins Ausland zu gehen. Dass darüber ebenso wenig geredet werden durfte wie über die Besuche der Gestapo in unserem Haus, war ihnen selbstverständlich. Dass man für gute Handlungen unter der Regierung Hitlers ins Gefängnis oder KZ kommen konnte oder auch umgebracht wurde, blieb ihnen und den anderen Kindern in unserer Familie nicht verborgen. Dass man diese Hilfeleistung deshalb trotzdem nicht unterlassen solle und dass es auch für sie Sinn hatte, so zu handeln, wenn sie unter Hitler groß würden, versuchte ich ihnen deutlich zu machen. So empfand ich es auch als durchaus richtig, den Achtjährigen, der mir schon sehr verständig vorkam, das Gefängnis erleben zu lassen. Das Zellenfenster konnte ich ihm zeigen. Dietrich schrieb dann in einem Brief, den ich erst vor einigen Jahren zu sehen bekam: ‚Liebe Eltern! Eben hat, wie mir mitgeteilt wurde, Suse mit dem kleinen Michael Euer Paket hier abgegeben. Ich danke ihr und Euch sehr dafür. Hoffentlich ist dem kleinen Jungen der Eindruck eines Gefängnisses nicht zu stark gewesen. So ein Kind hat eben doch noch gar keine Maßstäbe für das Mögliche und malt sich meinen Zustand vielleicht doch in zu dunklen Farben aus. Es war mir richtig schmerzlich, dass ich ihn nicht vergnügt begrüßen und mich mit ihm unterhalten konnte; das hätte ihn sicher beruhigt. Suse steht ja wohl auf dem Standpunkt, das, was das Leben nun einmal mit sich bringt, den Kindern nicht absichtlich fernzuhalten, und im Grunde glaube ich, dass das richtig ist; denn es wird eben für diese Generation nicht zufällig und ohne Sinn sein, dass sie sich frühzeitig mit harten Eindrücken abfinden lernt. Aber wie anders werden sie mit achtzehn Jahren sein als wir, hoffentlich nicht zu desillusioniert und bitter, sondern wirklich nur widerstandsfähiger und kräftiger durch alles, was sie erlebt haben. Sagt doch

Michael, dass ich ihm für seinen Strauß sehr schön danken lasse!‘[140]

Leider ist dieser Dank damals nicht bis zu ihm gelangt. Ein sehr starker Tagangriff ohne Vorwarnung machte Michael unruhig, und so fuhr ich bald wieder mit ihm hinauf nach Friedrichsbrunn. Dort oben ging nun auch eine Sirene – aber nur tagsüber, da die Leute nicht im Schlaf gestört werden wollten.“[141]

Das Bewusstsein der Gefahr und des Leidens der Gefangenen konnten Susannes Kinder auf diese Weise mit ihren eigenen Erfahrungen in Verbindung bringen. So tröstete sich Andreas über das wenig schmackhafte Essen, das sie während ihrer Evakuierung in Friedrichsbrunn bekamen, mit den Worten: „Es schmeckt sicher viel besser, als was Onkel Dietrich bekommt“.[142]

Im Februar 1944 wurde die Wohnung von Familie Dreß bei einem Bombenangriff zerstört, und sie fanden vorübergehende Unterkunft im Potsdamer Stadtteil Sacrow im Haus der Schwester Christine von Dohnanyi, wohin sich auch andere Familienangehörige vor den heftigen Bombenangriffen auf Berlin nachts in Sicherheit brachten:

„Tagsüber wirkten wir in der eiskalten Wohnung, und jeden Abend fuhren wir hinaus nach Sacrow. Dort kamen manchmal auch die Eltern hin. Christel hatte mit viel Geschick ihr ganzes Haus für Schlafbedürftige eingerichtet, mit Klappbetten und Luftmatratzen. Die Eltern bekamen ihr Schlafzimmer, sie schlief bei ihrer Tochter Bärbel, Klaus war bei der Flak und Christoph wurde irgendwo verstaut, damit auch die Schleicher-Kinder in diesem Haus schlafen konnten. Wir wohnten in Hansens Arbeitszimmer. So saß man an den Abenden oft ganz ruhig im Kreis der Familie beisammen. Selbst wenn die Sirene ging, lief keiner in den Keller. Man versuchte anschließend nur, telefonische Verbindung mit den in der Stadt Verbliebenen zu bekommen. Klaus hatte sogar eine Möglichkeit gefunden (so lange er selbst noch frei war), von Dietrich in Tegel und den Aufenthaltsorten von Hans Bescheid zu bekommen."[143]

Am 20. Juli 1944 fand das gescheiterte Attentat auf Hitler statt; Susanne fuhr an diesem Tag wie so oft mit dem Nachtzug von Friedrichsbrunn nach Berlin:

„So kam ich auch am 20. Juli 1944 morgens in Berlin an und fuhr zuerst von der Heerstraße zu den Eltern. Ich fand eine seltsame Stimmung vor: Die Schwestern waren beide da;

man wartete, dass es Ernst würde. Das Radio war eingeschaltet. Jeden Augenblick konnte eine Nachricht eintreffen. Wie der Tag verlief, weiß ich nicht mehr – doch dann kam Klaus aus der Bendlerstraße; die Nachricht von Hitlers Tod war von Stauffenberg durchgegeben worden, aber ohne Bestätigung. Klaus war nicht ohne Hoffnung, überall war die Widerstandsaktion angelaufen. ‚Und wenn er nicht tot ist, sagen wir ihn tot', rief Klaus, ‚Hauptsache wir haben endlich den Rundfunk in unserer Hand.' Dann stürzte er wieder los. Doch bald begann im Radio das Gerede von der wunderbaren Vorsehung, die dem deutschen Volk seinen herrlichen Führer erhalten hatte, den ein einzelner Emporkömmling ihm hätte nehmen wollen. Wie wenig einzeln dieser Mann stand und wie große Hoffnungen zerstört worden waren, das wussten wir. Erst als Klaus am Abend wieder ins Elternhaus kam, machte ich mich auf den Heimweg. Ich habe an diesem Tag meinen Bruder Klaus, der immer einen Silberstreifen am Horizont sah und der auch sehr wütend werden konnte, zum ersten Mal weinen sehen. ‚Aus – jetzt ist alles aus!' Ich blieb noch einige Tage in Berlin, konnte Dietrich in Tegel sprechen und wartete ab, was an Ermordungen und Verhaftungen geschah. Jeder Tag brachte neue bestürzende Nachrichten, und an keinem war man sicher, dass nicht andere Mitglieder der Familie oder auch man selbst denunziert und verhaftet wurde."[144]

Die Lage der Gefangenen spitzte sich nach diesem Ereignis erheblich zu. Die Gestapo verschärfte ihre Ermittlungen und fand schließlich in einem Geheimarchiv in Zossen die Akten, die Hans von Dohnanyi zur Dokumentation der Nazi-Verbrechen gesammelt hatte. Dadurch war ihre Beteiligung an einer Verschwörung gegen Hitler erwiesen, und sie mussten mit der Todesstrafe rechnen. Am 1. Oktober wurde Dietrichs Bruder Klaus verhaftet und in das Gestapo-Gefängnis in der Lehrter Straße gebracht; kurz darauf (am 8. Oktober) wurde Dietrich in das berüchtigte Gestapo-Gefängnis in der Prinz-Albrecht-Straße verlegt. In dieser Situation bestand die einzige Hoffnung darin, das Gerichtsverfahren möglichst lange hinauszuzögern. Familie Bonhoeffer war durch ihre Kontakte über den Fortgang des Krieges gut unterrichtet und wusste, dass es nicht mehr lange dauern konnte. So entstand der Plan, die Gefangenen durch Erkrankung vernehmungsunfähig zu machen, indem man sie bewusst infizierte. Susanne erinnert sich:

„‚Ob man später mal sagen wird, wir Frauen sind vollkommen wahnsinnig gewesen?' – ‚Dass wir sogar hier miteinander lachen!' – ‚Die Situation ist eben derart grotesk, dass man sie nur so bewältigen kann …'. So unterhielten wir uns im kleinen Esszimmer bei den Eltern: Ursel, Christel, Emmi, Maria von Wedemeyer und ich. Wir hatten angewärmte Suppe vor uns und vier [...][145] Thermosflaschen, in die wir vorsichtig mit einer Pinzette zerteilte, durchfeuchtete Wattebäusche steckten. Typhusbazillen, frisch aus der Zucht. ‚Diphtherie oder Typhus kann ich überleben', hatte Klaus geschrieben, ‚Freisler überlebe ich nicht!' Auch er hatte inzwischen die Möglichkeit zu Kassibern gefunden. Hans hatte aufgrund seiner Diphtherie schon lange Verhandlungsunfähigkeit vortäuschen können. Es kam jetzt alles auf Verzögerung an. Zeit zu gewinnen schien Leben zu bedeuten.

Christel kannte eine Krankenschwester im Seuchen-Lazarett, und dort war Maria hingefahren und hatte wirklich nach langem Warten die Bazillen bekommen. Leider nicht Diphtherie, sondern Typhus – aber in der Not... Vorsichtig hatte sie die kostbare Fracht in der Thermoskanne heimgetragen, und nun wurde sie gerecht unter die Vier verteilt, die darum gebeten hatten – Klaus, Rüdiger, Hans und Dietrich – und sogleich in die Gefängnisse gebracht. Mit Hans war sogar ein Zeichen verabredet, sodass er wusste, dass er nun Bazillen zu sich nahm. Leider blieb alles erfolglos: Keiner wurde krank. Die Infektion von Hans im vorigen Jahr war von selbst gekommen; auch Emmi hatte kurz zuvor mit schwerem Typhus auf dem Totenbett gelegen. Aber man konnte nichts erzwingen. Es steht zwar anders geschrieben, und selbst Sabine (die ja nicht dabei war und sich leider aus Büchern orientierte) berichtet da falsch.[146] Vielleicht klingt es auch romantischer, wenn die Frau dem Mann das Gift erfolgreich ins Gefängnis schickt. Der Versuch war jedenfalls gemacht; doch wenn wir später davon sprachen, waren wir alle froh, dass keiner von uns Frauen diese Last auf die Seele gelegt war. Wir waren eben wirklich nicht im Regiment."[147]

Todesnachricht

Am 4. Februar 1945 wurde Dietrich Bonhoeffer 39 Jahre alt. Am Vortag machten sich seine Eltern auf den Weg durch die von Bombenangriffen völlig zerstörte Innenstadt Berlins, um ihm ein Geburtstagspaket zu bringen; es erreichte ihn nicht, und die Familie hat seitdem nie wieder etwas von ihm gehört. Susanne beschreibt diese dramatischen Ereignisse in ihren Lebenserinnerungen – auch hierbei handelt es sich um Quellenmaterial, das sowohl für die Bonhoeffer-Forschung als auch für das Verständnis der letzten Tage des Nazi-Regimes von großer Bedeutung ist und deshalb in voller Länge wiedergegeben wird:

„Am 2. Februar 1945 wurden unter Freislers Vorsitz im Volksgerichtshof Klaus und Rüdiger zum Tode verurteilt; im selben Prozess mit ihnen auch Justus Perels, Jurist für die Bekennende Kirche, und der Bruder von Otto John, der ebenfalls bei der Lufthansa gearbeitet hatte. Klaus wies die Farce eines gestellten Rechtsanwalts ab und verteidigte sich selbst – das heißt (wie wir durch seinen Wärter hörten), er griff offen und in der Gewissheit, ohnehin seinen Kopf zu verlieren, nicht nur den NS-Staat, sondern auch Freislers rechtswidriges Verhalten an. Rüdigers Wachmann kam unter Tränen zu Ursel, um ihr die Nachricht von seinem Todesurteil zu überbringen. Rüdiger hatte ihn gebeten, noch am Abend vorbeizugehen und Ursel zum Abschied seinen Konfirmationsspruch zu sagen: ‚Lobe den Herrn, meine Seele, und vergiss nicht, was er dir Gutes getan hat!' Wann das Urteil vollstreckt werden sollte, wusste der Wachmann nicht – es könne in den Morgenstunden sein, sich aber auch noch Tage hinziehen.

Als ich am nächsten Vormittag, nachdem ich die Kinder versorgt hatte, zu den Eltern radeln wollte, wurde ein schwerer Angriff auf Berlin angesagt. So blieb ich noch zuhause und fuhr erst später los. In der Innenstadt hatte es pausenlos Detonationen gegeben. In der Marienburger Allee waren weder die Eltern noch Ursel anzutreffen.

Die Eltern waren in die Stadt gefahren, um Dietrich ein Paket zu seinem morgigen Geburtstag zu bringen. Ursel war zu einem ihr von früher bekannten Juristen am Volksgerichtshof gefahren, um ein Gnadengesuch einzureichen oder zu erfahren, was sie unternehmen könne. Als der Angriff begann, verließ sie das Volksgericht und ging in das Institut für Luftrecht, wo ihr Mann Professor gewesen war.

Mit meinem Rad fuhr ich zwischen den Bahnhöfen Westkreuz und Heerstraße hin und her, in der Hoffnung, die Eltern oder Ursel zu treffen. Als ich zwischendurch wieder bei Ursel hereinsah, lag sie auf einer Couchette. Ich setzte mich an das Fußende, und sie begann zu erzählen. Nicht nur von der nun restlos zerstörten Innenstadt, sondern auch von ihrem Gespräch: ‚Als im Volksgerichtshof die Vorwarnung kam, sagte ich, ich wolle nicht mit den Leuten in einem Keller sitzen, die meinen Mann zum Tod verurteilt hätten. Und als ich raus ging, habe ich noch gesagt: Sie haben Unschuldige zum Tod verurteilt. Ich sage Ihnen: Gott lässt sich nicht spotten! Solches Auftreten ist ja sonst nicht üblich bei uns. Als aber in diesem Moment die Tür aufging, kam Rüdigers Bruder Rolf herein und rief: Der Schuft ist tot! Ich habe eben Freislers Totenschein unterschrieben! Da spürte ich doch, dass deutliche Worte manchmal am Platz sein können. Rolf war als Arzt dazugerufen worden, weil er sich im Luftschutzbunker befand. Er hatte sich für seinen Bruder einsetzen wollen und kam gerade, als der Alarm begann.'

Was immer bald danach und auch später über Freislers Tod gesagt wurde – Rolf hatte innere Zerreißung durch eine Luftmine festgestellt; jedenfalls hat er es uns so berichtet. Mein Vater meinte daraufhin: ‚Den hat der Teufel geholt.' Aber auch: ‚Der hat es zu leicht gehabt.' Das ist mir in Erinnerung geblieben, weil ich wohl Zorn, aber nie Hass bei meinem Vater kannte. Wie gerne hätte ich alles geglaubt, was von der Ermordung Freislers durch Offiziere und Ähnliches behauptet wurde. Rolf ist nun tot. Ob er etwas unterschreiben musste, was nicht der Wahrheit entsprach? Jedenfalls ging er mit dem Totenschein sofort zum Justizminister und sagte zu ihm: ‚Ich bringe Ihnen den Totenschein von dem Mann, der gestern meinen unschuldigen Bruder zum Tod verurteilt hat.' Er ließ sich von dem etwas verängsteten Beamten versprechen, dass die Vollstreckung der Urteile für diese letzte von Freisler verurteilte Gruppe verzögert würde, damit noch Gnadengesuche eingereicht oder Wiederaufnahme-Verfahren eingeleitet werden könnten. Mit dieser hoffnungsvollen Nachricht ging er dann zu Ursel. Christel kam ins

Zimmer, und wir erzählten ihr alles – auch was Ursel über den Gott, der sich nicht spotten ließe, gesagt hat. Christels Reaktion war die: ‚Warum konnten die Amerikaner nicht gestern diesen Angriff machen? Dann wäre es zu keiner Verurteilung gekommen, und vielleicht hätten sie fliehen können!'

Die Eltern waren ebenfalls in diesen schweren Angriff hineingeraten und weite Strecken durch die brennende Stadt gewandert. Völlig rauchgeschwärzt kamen sie zurück. Als mein Vater ins Zimmer kam, hatte er sich wohl gewaschen, aber seine schneeweißen Haare waren schwarz von Ruß. Er sah mein erstauntes Gesicht, und mit einem leisen, herzzerschneidenden Lächeln sagte er zu mir: ‚Ja, so wird man wieder jung.' Die Würde, die ehrfurchtgebietende Haltung der Eltern war eine Stütze für die ganze Familie – Kinder und Enkel. Meiner Mutter, die mit ihrer Aktivität immer alles in Bewegung gesetzt hatte, um ihren Kindern Unangenehmes zu erleichtern, fiel es unendlich schwer, nun so passiv sein zu müssen. Alle Fäden zu höheren Stellen waren ja seit dem 20. Juli abgerissen. Und Sauerbruch[148] fühlte sich mit Recht selbst gefährdet.

Mit gefesselten Händen schrieb Klaus seine bewegenden Abschiedsbriefe an Eltern, Frau und Kinder.[149] Von Dietrich haben wir seit diesem Tag nichts mehr gehört.

Auch das Gefängnis in der Prinz-Albrecht-Straße war getroffen worden und die Gefangenen unauffindbar. Maria reiste, soweit es ihr möglich war, von einem KZ zum anderen, um Dietrich zu finden. Alles umsonst. Nun war es Zeit für sie, sich zu ihrer Familie (Mutter, Großmutter und kleine Geschwister) nach dem Westen abzusetzen. Täglich fuhren Ursel und Emmi mit warmem Essen (das die zum Tod Verurteilten bekommen durften) in die Lehrter Straße. Nur einmal im Dezember hatten sie eine Sprecherlaubnis bekommen. Nun war die Spannung jeden Tag unerträglich: Wann werden wir endlich erobert? Wann gehen die Gefängnistüren auf?“[150]

Doch diese Türen öffneten sich für Dietrich und die anderen inhaftierten Familienmitglieder nicht mehr. Am 9. April 1945 wurde Dietrich Bonhoeffer im Konzentrationslager Flossenbürg erhängt. Die Nachricht von seinem Tod erreichte seine Eltern erst viel später, nämlich am 27. Juli 1945, als die BBC einen Gedenkgottesdienst für Dietrich Bonhoeffer ausstrahlte, den Bischof George Bell in der Holy Trinity Church in London abhielt. Susanne berichtet davon:

BUCHPROGRAMM 2020

adeo

„Ein kluger Umgang mit Reaktanz kann dabei helfen, mehr Fairness, mehr Gerechtigkeit und Frieden in Gruppen und überhaupt in alle Begegnungen von Menschen zu bringen."

Carmen Thomas

Carmen Thomas

Reaktanz – Blindwiderstand erkennen und umnutzen

Flexcover · durchgehend farbig

13,5 x 21,5 cm · ca. 224 Seiten

€ 22,–

ISBN 978-3-86334-249-4

7 Schlüssel für ein besseres Miteinander.

Reaktanz – sie entsteht, wenn Menschen sich in ihrer Freiheit eingeschränkt oder bevormundet fühlen. Schon schwillt der Hals und man ist instinktiv „dagegen". Doch wer diesen inneren Blindwiderstand als Frühwarnsystem und Gerechtigkeitssensor erkennt, kann das Miteinander stressfreier, effektiver und gerechter gestalten und die Klugheit von Gruppen nutzen. Die bekannte Moderatorin Carmen Thomas zeigt unterhaltsam und humorvoll, welche Tools dabei helfen.

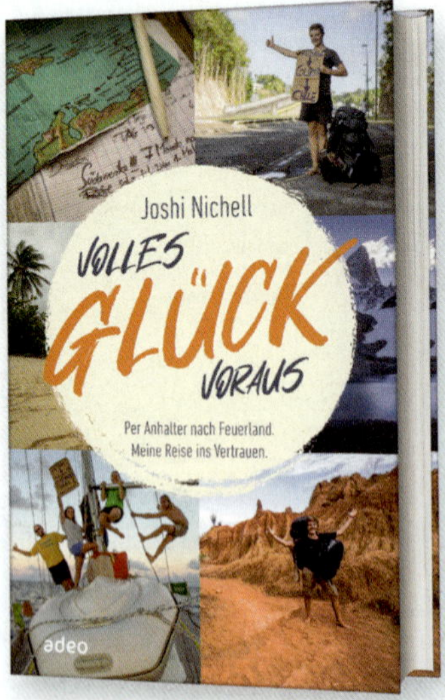

„Einfach mal die Tür öffnen für Begegnungen, Menschen wie dich und mich … Gelebte Gastfreundschaft und Nächstenliebe sind ein Schlüssel zum Glück. Machen wir uns also auf zu diesem Glück. Egal, ob als eintretende oder türöffnende Person."

Joshi Nichell

Joshi Nichell

Volles Glück voraus

Gebunden · Schutzumschlag

mit vielen Fotos

15 x 22,7 cm · 336 Seiten

€ 20,–

ISBN 978-3-86334-246-3

„Ich lebe meine Träume!"

Feuerland – das liegt am südlichsten Zipfel Südamerikas und ist das Traumziel von Joshi Nichell, als er 2016 lostrampt. Es wird eine Reise des Staunens: er staunt über die Schönheit der Erde, aber auch über das überwältigende Vertrauen, das ihm Menschen unterwegs schenken. Sein Bauchgefühl wird mehr und mehr zum Kompass für die Reise und fürs Leben. Und er erlebt, dass er in allen Höhen und Tiefen nie alleine unterwegs ist … Dank Joshis lebendigem Erzählstil und den zahlreichen großartigen Fotos hat man das Gefühl, live dabei zu sein.

Sprachkunst von Heinz Rudolf Kunze.

„Der Wahrheit die Ehre" geben, Fakenews und billigen Vereinfachungen entgegentreten. Das gelingt Heinz Rudolf Kunze in seinen 200 „Zeitgeschichten". Darin finden seine Besorgnis über die politischen Entwicklungen und die Bedrohung der Freiheit ebenso Platz wie Gedanken über Liebe, Schmerz und das kleine Glück im Leben. Mit seiner Sprachkunst gelingt es dem Wortakrobaten, unterhaltsam wie pointiert Akzente zu setzen. Ein ideales Geschenk, nicht nur für Fans.

Vorläufiges Cover

„Bücher können ganz schön gemein sein. Und überheblich. Aber Vorsicht, Freunde der Sonne. Ich kann auch anders. Indem ich euch nicht lese. Hochmut kommt vor dem Fall ..."

Heinz Rudolf Kunze

Heinz Rudolf Kunze

Wenn man vom Teufel spricht ...

Gebunden · 12,5 x 18,7 cm

ca. 224 Seiten · zweifarbig

€ 18,–

ISBN 978-3-86334-252-4

Leseproben zu allen Büchern finden Sie unter www.adeo-verlag.de.

Warum Menschen heute ins Kloster gehen.

Warum gehen Menschen ins Kloster – nicht nur für ein Schweigewochenende, sondern für den Rest ihres gesamten Lebens? Wieso verzichten sie auf Wohlstand, Familie und Selbstbestimmung, um sich einem Orden anzuschließen? 16 Frauen und Männer von 22 bis 92 Jahren, vom Physiker bis zur Bierbrauerin, erzählen von ihrem persönlichen Weg ins Klosterleben und gewähren Einblicke in ihre größten Herausforderungen, in ihren Alltag und in das, was sie glücklich macht.

„Wenn ich sagen würde, es ist leicht ins Kloster einzutreten, würde ich lügen. Es ist wunderschön, aber es ist auch eine große Herausforderung."

Zisterzienser-Pater Isaak Maria, 26 Jahre alt

Stephanie Mende

Um Gottes willen

Gebunden · Schutzumschlag

13,5 x 21,5 cm · ca. 224 Seiten

€ 18,–

ISBN 978-3-86334-247-0

Leseproben zu allen Büchern finden Sie unter www.adeo-verlag.de.

Gofi Müller

Huchting

Gebunden • Schutzumschlag

13,5 x 21,5 cm · ca. 160 Seiten

€ 16,–

ISBN 978-3-86334-250-0

Huchting ist überall.

Huchting, der Stadtteil am Rande Bremens, hat nicht gerade einen guten Ruf. Hier spielen die ungewöhnlichen Kurzgeschichten dieses Buches. Wir lernen Arno kennen, ein Diplompsychologe, der sich als Postbote durchschlägt. Silke und Habib, die unfreiwillig gemeinsam in einem Hotelzimmer stranden. Oder Heiner, in dessen Kneipe „Zichte" sich die Huchtinger treffen. Eigentlich sind es ganz normale Menschen und alltägliche Begebenheiten, doch sie alle haben eine unerwartete Wendung. Es bleibt immer spannend in Huchting ...

Was rettet uns, wenn der Winter naht?

„Game of Thrones“ ist nicht nur eine meisterhaft inszenierte Serie, sondern auch ein Spiegel unserer Gesellschaft. Der Theologe und „GoT“-Fan Thorsten Dietz hat sich die Religionen von Westeros genauer angeschaut und überraschende Parallelen zu unserer Welt entdeckt: Immer mehr Menschen können mit den tradierten Gottesbildern nichts mehr anfangen – doch angesichts der finsteren Bedrohung drängt die Frage: „Gibt es einen Gott und kann er mir in dunklen Zeiten helfen?“

„Ich habe schon die ganze Welt umsegelt, und überall, wo ich hinkomme, reden die Leute vom einzig wahren Gott. Alle glauben, den Richtigen anzubeten.“

Salladhor Saan,
Pirat in „Game of Thrones“

Thorsten Dietz
Gott in Game of Thrones
Gebunden · Schutzumschlag
13,5 x 21,5 cm · ca. 220 Seiten
€ 18,–
ISBN 978-3-86334-248-7

Leseproben zu allen Büchern finden Sie unter www.adeo-verlag.de.

„Ein heiteres Buch, das die Aufmerksamkeit schult und die Zuversicht nicht überdosiert."

Heinz Rudolf Kunze

Titus Reinmuth

Im schlimmsten Fall geht alles gut

Gebunden · Schutzumschlag

zweifarbig

224 Seiten

€ 15,–

ISBN 978-3-86334-241-8

Das Gute erwarten.

Das Leben ist bunt und vielfältig und herausfordernd! Und Vertrauen ist der Schlüssel zu allem Guten. Titus Reinmuth trägt Erlebnisse und Beobachtungen aus dem Alltag zu mutmachenden Geschichten und poetischen Texten zusammen. Ein „Komm, ich lad' dich ein" eines alten Freundes lässt ihn über Großzügigkeit nachdenken; ein Song im Radio über Zuversicht in schweren Zeiten. 60 wohltuende Denkanstöße, die Mut zum Neu-Vertrauen machen.

„Mit Jammern und Beklagen erreichen wir nichts. Hoffnung und Zukunft entstehen, wenn alle gemeinsam anpacken."
Jochen Brühl

Jochen Brühl
Volle Tonne, leere Teller
Gebunden · Schutzumschlag
240 Seiten · zweifarbig
mit vielen Fotos
€ 22,–
ISBN 978-3-86334-237-1

Für mehr Gerechtigkeit in Deutschland.

Wie kann es sein, dass im reichen Deutschland Menschen arm sind? Was läuft da schief? Ist nur der Staat verantwortlich? Wie können wir Lebensmittelverschwendung verhindern und sinnvolle Alternativen schaffen? Jochen Brühl, Bundesvorsitzender der Tafel Deutschland, spricht darüber mit Unterstützern und Kritikern seiner Arbeit.
Ein streitbares Debattenbuch, das Missstände beim Namen nennt sowie zum Nachdenken und Mitmachen anregt.

„Von Dietrich und Hans wussten wir damals noch nichts. Immer wieder erschien jemand bei mir, der meinte, Dietrich irgendwo gesehen und gesprochen zu haben, oder er hätte aus Westdeutschland von ihm gehört. Es meldeten sich sogar einige hysterische späte Mädchen, die mir anvertrauten, sie wären mit Dietrich verlobt gewesen. Sie rechneten wohl nicht mehr mit seinem Überleben. Auch den Eltern wurde oftmals Hoffnung gemacht. Schließlich erfuhren wir von seinem Tod (wenn auch nicht gleich, auf welch grausame Weise) durch einen Trauergottesdienst, den sein Freund George Bell, der Bischof von Chichester, in England für ihn hielt. Er wurde nach Deutschland übertragen und vorher angekündigt. Leute Am Hirschsprung (mir gar nicht weiter bekannt) sagten uns Bescheid und luden uns ein, zu ihnen zu kommen – denn unser Radio war beschlagnahmt. So saß ich mit Mann und Kindern bei Fremden, die nicht zur Gemeinde gehörten, und wir hörten, was in England über Dietrich gesagt wurde.“[151]

Dietrich Bonhoeffers Vermächtnis

Wie ist Familie Bonhoeffer mit dem Tod von Dietrich und von seinem Bruder Klaus sowie den beiden Schwiegersöhnen Hans von Dohnanyi und Rüdiger Schleicher umgegangen? Wie haben sie mit diesem Schicksal gelebt? Während die verschiedenen Biographien über Dietrich Bonhoeffer naturgemäß mit seinem Todestag enden, erfahren wir in der Autobiographie seiner Schwester Susanne, wie der Alltag danach weiterging. Schon bald setzte ein verstärktes Bewusstsein dafür ein, wie wertvoll jede Hinterlassenschaft der Verstorbenen war – vor allem Briefe und andere Schriftstücke. Susanne bereut, dass sie diese Dinge nicht sorgfältiger aufbewahrt hat (so wie ihr Silberbesteck, welches sie in einer Kiste tief im Garten vergraben hatte und nach dem Krieg unversehrt wiederfand).[152] Tatsächlich wäre es für die spätere Sammlung und Herausgabe von Dietrich Bonhoeffers Werken sehr wertvoll gewesen, wenn mehr von diesem Material erhalten geblieben wäre.

Susanne schreibt: „Hätte ich nur all meine Briefe – besonders die vielen von Dietrich und auch einige von Klaus und diejenigen von den Eltern – vergraben, statt sie den Russen im brennenden Keller preiszugeben!“[153]

Insgesamt aber ist der Umgang von Susanne und der gesamten Familie mit den Ereignissen der Vergangenheit nicht von Bedauern, sondern von Dankbarkeit geprägt – und von einem hohen Maß an Vergebungsbereitschaft, das Susanne ganz bewusst als Dietrichs Vermächtnis versteht. Sie formuliert es so:

„Ich war dankbar, dass es mir trotz des Erlebten gelang, einen Strich unter all das zu machen, was mich nun etwa zu unchristlichem Verhalten gegenüber den Hilflosen hätte bewegen können. Dietrich hatte einmal zu mir gesagt: ‚Du kannst so wunderbar vergessen.‘ Und weil das ein Lob sein sollte, glaubte ich, ihm mit meinem jetzigen Verhalten kein Unrecht zu tun. An Silvester 1945 notierte ich: ‚Es ist nun das erste Mal, dass ich in diesem Buch frei heraus schreiben kann, ohne jemanden zu gefährden. Sonst musste man immer mit Hausdurchsuchungen rechnen. Dass dieser Druck von uns genommen wurde, ist fast unglaublich. Der ganze Hass, den man jahrelang (schon längst ehe sie an der Macht waren) gegen diese Verbrecher und Irren trug, den man geschürt hat, wo man konnte – er ist nun gegenstandslos geworden. Jetzt noch zu hassen wäre Leichenschändung. Mitleid zu haben wäre sentimental. Strafe für die Schuldigen; Ausrottung von denen, die noch gefährlich sind, die immer noch nicht begreifen wollen und aus ihrer bornierten Haltung nicht herausfinden – aber Frieden und Liebe allen, die guten Willen zeigen. Dass die PG-Hetze ebenso unwürdig ist wie alle anderen Verfolgungen, die Menschen anderen Menschen antun, ist die Meinung aller wahren Opfer des Faschismus und Antifaschisten, die ich kenne. Möge das neue Jahr da neue Einsichten bringen.'"[154]

An diesen Grundsatz hat Susanne sich stets gehalten und bei ihrer Wiederaufbauarbeit im ‚Dahlemer Hilfswerk' (das sie bereits im Mai 1945 ins Leben gerufen hatte) ehemaligen Mitgliedern der NSDAP eine Gelegenheit geboten, tätige Reue zu leisten. Wenn sie deswegen in der Dahlemer Kirchengemeinde zur Rede gestellt wurde, ließ sie sich dadurch nicht beirren und betrachtete die ‚PG's' als seelsorgerliche Aufgabe für die Kirche – „wie vorher Juden und Halbjuden".[155] Auch die Eltern Karl und Paula Bonhoeffer waren an Rache nicht interessiert:

„So empfanden wir es als grotesk, dass eine offizielle Mitteilung an meine Eltern gesendet wurde, man hätte die wahrscheinlichen SS-Mörder von Klaus oder Dietrich (das weiß ich nicht mehr) gefunden – ob es ihrem Wunsch entspräche, dass diese erschossen würden. Sie schrieben zurück, ihnen stünde nicht der Sinn danach, der Justiz irgendwie vorzugreifen; sie selbst wären an diesen Leuten uninteressiert und wünschten auch keine Konfrontation."[156]

Die Erinnerung an die Ermordeten wurde in der Familie lebendig gehalten:

„Am 9. April 1946, ein Jahr nach Dietrichs Tod, hatten wir in der Annen-Kirche eine Gedenkfeier. Dietrich hatte einmal in einem Brief an Eberhard ein paar Wünsche für die Musik bei seiner Beerdigung genannt;[157] die wollten wir nicht unbeachtet lassen. Auch für meine Eltern war es schön, dass Walter das in der Dahlemer Kirche machte; denn es bedeutet für die Angehörigen eben doch einen heilsamen Abschluss nach solch einem Verlust, wenn man des Toten noch einmal gedenkt.

Das Buch ‚Widerstand und Ergebung' war damals ja noch nicht erschienen, und eigentlich war nicht anzunehmen, dass mehr als die Familienangehörigen kämen –

vielleicht noch einige uns besonders verbundene Gemeindeglieder. Aber dann reichte der Platz in der Kirche nicht aus, so viele hatten sich eingefunden; und bei dieser Gelegenheit sah man auch manche wieder, an die man gar nicht mehr gedacht hatte. Es hatte wohl in der Zeitung gestanden und sich dann weiter herumgesprochen. Da waren nun ganz alte Bekannte, noch aus der Kinderzeit im Grunewald, die wir kaum wiedererkannten und die erst mal sagen mussten, wer sie waren. Von den Mitarbeitern im Kirchenkampf kamen viele (auch aus Lichterfelde), von denen man nicht gewusst hatte, ob und wie sie die Zeit überlebt hatten. So war der Empfang nach dem sehr schönen Gottesdienst für die Eltern wohl recht anstrengend, aber doch eine Art Bestandsaufnahme übrig gebliebener Freunde. Es war allerdings nicht einfach zu entscheiden, wen von denjenigen, die sich so über das Wiedersehen freuten, man nun zu dem vorgesehenen schmalen Imbiss Ins Gehege mitnehmen sollte. Ich höre noch, wie ein etwas jüngerer Freund und Schüler von Dietrich, den ich seit seiner Studentenzeit nicht mehr gesehen, aber noch ab und zu von ihm gehört hatte, auf Eberhard Bethge zuging, ihn mit treudeutschem Augenaufschlag ansah und sagte: ‚Wir haben beide um Dietrich Bonhoeffer gerungen, aber Sie haben obsiegt!' Dem armen Eberhard war das sehr peinlich; ich hingegen bin ja in solchen Momenten immer für etwas unfreiwillige Komik zu haben.“[158]

Das Leben der Hinterbliebenen ging weiter, und am Ende des Jahres 1946 stand das erste große Familienfest seit dem Ende des Krieges an – eine Herausforderung für alle Beteiligten, wie Susanne beschreibt:

„Am 30. Dezember 1946 wurde meine Mutter siebzig Jahre alt. Wenige Tage nach dem 75. Geburtstag meines Vaters im März 1943 waren Christel und Hans von Dohnanyi und Dietrich verhaftet worden. Wie sollten wir nun ein Familienfest gestalten und feiern? Sollte man es ganz ausfallen lassen? Wir (mein Vater und Karl-Friedrich und Ursel mit Kindern) meinten, es solle gefeiert werden. Das wäre im Sinne der Toten – und meine Mutter war ein für alle Freuden so dankbarer Mensch. Sie feierte gern und ließ sich auch gerne feiern. Sie hatte die große, gnadenvolle Gabe, ganz im Augenblick leben zu können, ohne dabei zu verdrängen oder zu vergessen. Das Leben war so, dass hell und dunkel nebeneinanderstanden, und sie konnte beides mit offenem Herzen bewältigen. Und dass sie in diesen siebzig Jahren viel Grund zur Dankbarkeit gehabt hatte, ist ihr doch deutlich gewesen.

Also feiern – aber wie? Keinem der Geschwister fiel dazu etwas ein. Jede Form von Rückblick war wohl doch zu gewagt, wenn sie in heiterer Form gebracht werden sollte. Karl-Friedrich und mein Vater sprachen bei Tisch, Schleichers sorgten unter Eberhard Bethges Leitung für die Musik. So begann in aller Morgenfrühe ein Familienchor, zu dem auch Anneliese eingeladen war, mit dem Psalm ‚Ich hebe meine Augen auf zu den Bergen, von welchen mir Hilfe kommt', vielstimmig und mit Instrumenten gesungen. [...] Dann kamen Gabentisch und Frühstück und anschließend die Besuchs-Empfangsstunde. Zum Mittagessen stand ein Gänsebraten auf dem Tisch: eine riesige, gefüllte Gans, die Eberhard Bethge aus England von Freunden mitgebracht hatte, da er kurz vorher dort hatte hinfahren können! [...] So war dieses erste große Familienfest nach 1945 gut gelungen und überstanden."[159]

Die Überlebenden setzten ihren Weg fort und hielten dabei an den Werten und Traditionen fest, die sie geprägt hatten – doch nun verstanden sie dies ganz bewusst auch als Treue zum Vermächtnis der Opfer. Durch dieses Bewusstsein wurde eine besondere Verbindung zwischen Lebenden und Toten gestiftet, wie an vielen Stellen in Susannes Lebenserinnerungen deutlich wird. Schon bald erlangte

Dietrich in der Öffentlichkeit besondere Aufmerksamkeit, und das Gedenken an Klaus Bonhoeffer und Hans von Dohnanyi (die sich im Widerstand gegen Hitler noch entschiedener engagiert hatten) sowie an Rüdiger Schleicher (der für seine Kontakte zu den Verschwörern ebenfalls mit dem Leben bezahlen musste) trat demgegenüber in den Hintergrund. Dietrich fand aufgrund seiner Schriften und seiner zahlreichen Kontakte im In- und Ausland Anerkennung, und Susanne lebte ihr Leben fortan als „eine Schwester Dietrich Bonhoeffers".[160] Die Familie bemühte sich darum, die literarische Hinterlassenschaft von Dietrich zu sammeln und zu sichten – allen voran Eberhard Bethge, der nicht nur Dietrichs engster Vertrauter war, sondern durch seine Heirat mit dessen Nichte Renate Schleicher auch Teil der Verwandtschaft wurde. Andere Familienmitglieder unterstützten Eberhard bei seiner Arbeit. So berichtet Susanne: Im August 1947 „war Eberhard gerade dabei, die Manuskripte der ‚Ethik' von Dietrich zu entziffern, und Sabine half ihm dabei."[161]

Neben solch ausdrücklicher Beschäftigung mit dem Werk Dietrich Bonhoeffers waren es aber gerade alltägliche Begebenheiten, welche die Erinnerung an ihn wach hielten. So schreibt Susanne etwa über ihren Sohn Michael: Er „begleitete mich bei den Schubert-, Brahms- und

Beethoven-Liedern, die ich einst mit Dietrich gesungen hatte und auf diese Weise nun meinen Kindern vertraut machte."[162] Und über ihre Arbeit im Dahlemer Hilfswerk berichtet sie: „Wenn ich [bei der Hilfeleistung für Bedürftige] reingefallen war, dachte ich nach solchem Erlebnis an Dietrichs Wort (noch aus der Zeit im Elternhaus): ‚Wer soll sich schon betrügen lassen, wenn nicht wir Christen?'"[163]

Weil Susanne als Pfarrfrau in der Gemeindearbeit engagiert war, eröffnete sich ihr in besonderer Weise die Möglichkeit pastoralen Handelns, und es scheint fast, als habe sie Dietrichs Lebenswerk (das durch seinen gewaltsamen Tod jäh abgebrochen wurde) in gewisser Weise fortgeführt. So übte sie in der Dahlemer Kirche alljährlich das Passionsspiel von Rudolf Mirbt ein, das sie einst während ihres Besuches bei Dietrich in London kennen gelernt hatte – dies war für sie „immer eine Art von Gedächtnisfeier für Dietrich."[164] Auch andere Familienmitglieder empfanden wohl ähnlich; Susanne berichtet etwa davon, dass Eberhard und Renate Bethge ihre verwitwete Mutter Paula im Nachbarhaus täglich besuchten – und sie fügt hinzu: „Es geschah wohl auch als Vermächtnis an Dietrich."[165] Susanne kam ebenfalls häufig zu ihrer betagten Mutter, und dabei erzählte sie auf deren Wunsch hin von alten Zeiten:

„Es waren Ereignisse aus der Familie, in denen die Toten ihr wieder lebendig wurden. Geschichten, die sie alle selbst gut hätte erzählen können – heitere Begebenheiten, die sie aber immer wieder von mir hören wollte. Es gab so viele schöne Erlebnisse, und sie lachte so gerne darüber! Ich habe ja immer ein gutes Gedächtnis für solche Schwänke gehabt, und meine Art zu erzählen machte ihr einfach Spaß – wohl weil sie der ihren sehr ähnlich war. Selbst zu reden strengte sie doch zu sehr an. Da freute sie sich über die Telefonstreiche, die Klaus früher mit Meisterschaft gespielt hatte; über vergangene und wieder auflebende Situationskomiken (wie zum Beispiel Dietrich, der mit heller Stimme singend am Glasschrank lehnte und bei dem Lied ‚Ich schnitt es gern in alle Rinden ein' rücklings einbrach), oder wie Walter mich als kleines Mädchen auf den Schrank setzte, wenn er Kugeln goss und mit den Geschwistern Soldaten spielte! Und die schönen Erinnerungen an die vielen, vielen Feste, die wir feierten, und an Friedrichsbrunn – und immer wieder von meinem gemeinsamen Erleben mit Dietrich, und wie uns allen auch in den schwersten Zeiten der Humor geblieben war."[166]

Sonstige Mitteilungen über Dietrich Bonhoeffer

Weil es hier darum geht, *alle* Stellen aus den Lebenserinnerungen von Susanne Dreß zu sichten, in denen von Dietrich Bonhoeffer die Rede ist, sollen anschließend noch einzelne Mitteilungen genannt werden, die nicht zu einem gemeinsamen Thema zusammengefasst werden können, aber dennoch auf ihre Art jeweils ein biographisches Detail beleuchten. Beginnen wir mit Dietrichs Taufe. Susanne berichtet beiläufig, anlässlich der Taufe ihres erstgeborenen Sohnes Michael (der sich „musterhaft" benahm und „in seinem langen Taufkleid eine Augenweide für alle" war): „Es war Dietrichs Taufkleid, für den als Zwilling noch ein neues dazu gefertigt werden musste."[167] Zwar besitzen wir keine Photographie von Dietrichs Taufe,[168] aber mit dieser Bemerkung immerhin eine kleine literarische Andeutung. Und es wird deutlich, dass die Geburt von Zwillingen (die in der Bonhoeffer'schen Familie eine Seltenheit war) Dietrich von Anfang an einen gewissen

Sonderstatus verschaffte und zu manchen Umstellungen Anlass gab.

Die nächste dieser verstreuten Mitteilungen über Dietrich bezieht sich bereits auf seine Studentenzeit: Wie in anderen Quellen reichlich belegt, berichtet auch Susanne davon, dass Dietrich (ebenso wie sein Vater) seit seinem ersten Semester in Tübingen Mitglied in der progressiven Studentenverbindung ‚Igel' war.[169] Seine theologische Kompetenz wurde in der Familie bei verschiedenen Gelegenheiten angefragt – so auch im Zusammenhang mit dem caritativen Engagement seiner Mutter Paula:

„Eine fünfköpfige Familie im Osten Berlins ist mir noch besonders erinnerlich. Ein zehnjähriger, nett aussehender Junge hatte bei uns gebettelt, und die Familie schien noch sanierungsfähig. Mit Jugendamt, Pfarramt und Mitteln meiner Eltern tat man allerlei, um aus den Kindern trotz der haltlosen Mutter noch etwas zu machen. Immer wieder kamen neue Notlagen, immer wieder wurde Abhilfe geschaffen. Der Junge schien sich zu machen und kam aus Berlin weg in eine Lehre. Wenige Jahre später kam der Brief eines Gefängnispfarrers: Der Junge, der wegen Hochstapelei saß, hatte sich auf uns berufen und wollte Pakete bekommen. Er hätte eine Bekehrung durchgemacht. Entlassen, besuchte er Dietrich, der damals schon studierte, und legte ihm das Konzept eines Bekehrungsromans vor. Aber auch seine Religiosität war Hochstapelei. Er fragte nach Geld, um diesen Roman zu verlegen. Dietrich sah das Manuskript durch – es war aus Traktätchen abgeschrieben. Auch dies vergebliche Liebesmüh über Jahre hinweg."[170]

Vielleicht kann man hierin ein Beispiel für die Unbestechlichkeit des Urteils sehen – und von Dietrichs Sinn für das Echte, der in der Familie sehr hochgehalten wurde und zweifellos auf den Einfluss des Vaters zurückzuführen war.[171]

Im Sommer 1927, als Dietrich einundzwanzig Jahre alt war und an der Berliner Theologischen Fakultät promovierte, nahmen ihn seine Eltern zur ‚Sommerfrische' auf die Insel Sylt mit – gemeinsam mit der damals siebzehnjährigen Susanne und dem ältesten Bruder Karl-Friedrich, der damals noch unverheiratet war.[172] Dietrich durfte dazu noch seinen Freund Dreyer aus Bremen mitbringen,[173] mit dem er auch sonst gemeinsam Urlaub machte.[174] Dies ist ein Beispiel für die Großzügigkeit seiner Eltern und für die Geselligkeit Dietrich Bonhoeffers – der nicht erst zu dem Zeitpunkt, als Eberhard Bethge in sein Leben trat, den Segen einer innigen Freundschaft entdeckte,[175] sondern schon vorher intensive Beziehungen gepflegt hatte.

Die wichtigste Größe im Leben Dietrich Bonhoeffers blieb freilich bis zu seinem Tod sein Elternhaus. Nicht nur deshalb, weil er sich erst spät verlobte und keine eigene Familie gründete und aufgrund dessen zwischen den verschiedenen Stationen seines Lebens immer wieder bei den Eltern wohnte, sondern auch, weil die Werte, die ihm dort vermittelt wurden, Dietrich Bonhoeffer (ebenso wie seine sieben Geschwister) zutiefst geprägt haben. Susanne bemerkt dazu: „Im Sommer 1930 heirateten dann beide Brüder; im Elternhaus blieb nur noch Dietrich zurück."[176]

Schlussfolgerungen zu Dietrich Bonhoeffers Theologie aus den Lebenserinnerungen von Susanne Dreß

Nun haben wir unsere Entdeckungsreise zu Dietrich Bonhoeffer in den Lebenserinnerungen von Susanne Dreß beendet und dabei neue Einblicke in seine *Biographie* gewonnen. Einiges wurde bestätigt, was aus anderen Quellen bereits bekannt ist; ein paar neue Facetten sind dazugekommen. Für die große Zahl der an Bonhoeffer Interessierten stellt sich die Frage, ob sich daraus auch Rückschlüsse auf seine *Theologie* ziehen lassen. Dies ist indirekt möglich. Dietrichs Schwester Susanne war keine ausgebildete Theologin (obgleich sie sich im Lauf ihres Lebens vieles durch Selbststudium und Fortbildung angeeignet hat), und sie setzte sich nicht ausdrücklich mit Theologie auseinander. Dennoch gibt es einiges in ihren Mitteilungen, was für Bonhoeffers Theologie von Bedeutung ist, wie im Folgenden herausgearbeitet werden soll. Dabei werden die Stichworte *Bekehrung*, *Ethik*, *Freimut*, *Gelehrsamkeit*, *Tatkraft*, *Kampfgeist* und *Glauben* aufgegriffen und ihre Bedeutung für Bonhoeffers Theologie wird ganz bewusst anhand von vermeintlich unscheinbaren, absichtslos mitgeteilten Details aufgezeigt.

Bonhoeffer verfolgte seinen Lebensweg konsequent. In seiner Biographie wird (zumindest im Rückblick, wie das ja meistens geht) eine Art ‚roter Faden' erkennbar, und manches von dem, was ihn in der letzten Zeit im

Gefängnis beschäftigt hat, steht in Zusammenhang mit Kindheit und Jugendzeit.[177] Dennoch verlief seine geistige Entwicklung nicht ohne Brüche. Dietrich Bonhoeffer erlebte nicht nur einmal, sondern mehrere Male in seinem Leben eine *Bekehrung*.[178] Der Grund dafür ist nicht in Wankelmut und Unstetigkeit zu suchen, sondern in seiner Fähigkeit zur Veränderung, seiner aufrichtigen Suche nach Wahrheit und dem Mut, aus den gewonnenen Einsichten Konsequenzen zu ziehen. Hier zeigt sich eine gewisse Radikalität im Denken, die nichts mit Extremismus zu tun hat, sondern mit seinem Bedürfnis, den Dingen auf den Grund zu gehen. Die pazifistische Grundhaltung etwa, die Bonhoeffer später auch theologisch reflektierte[179], und die ihm bei einer Einberufung zur Deutschen Wehrmacht im Fall der Kriegsdienstverweigerung die Todesstrafe eingebracht hätte, wurde Dietrich nicht in die Wiege gelegt. Er hat sie sich in kritischer Auseinandersetzung und denkerischer Freiheit im Lauf seines Lebens erworben. Während des 1. Weltkriegs war er von kindlichem Patriotismus durchdrungen und durch den preußischen Militarismus seiner Umgebung geprägt.[180]

In engem Zusammenhang mit Bonhoeffers Mut zur Bekehrung stand der ethische Grundimpuls seines Christseins. *Ethik* war ein Thema, das sich durch sein gesamtes

Leben hindurch zog und sein Wirken als Theologe zutiefst prägte. Sein unvollendet gebliebenes Buch ‚Ethik', das später von Eberhard Bethge herausgegeben wurde,[181] hielt Bonhoeffer für sein wichtigstes Werk,[182] und dass der Glaube sich nicht in persönlicher Frömmigkeit erschöpfen darf, sondern sich in der Tat bewähren muss,[183] ist eine Einsicht Dietrich Bonhoeffers, die viele Menschen anspricht. Über die Pflicht zum ethischen Handeln hat Bonhoeffer nicht nur *reflektiert*, sondern dies hat er *praktiziert* – und zwar nicht nur als Erwachsener und gestandener Theologe, sondern bereits als junger Mensch, wie wir beispielsweise den Schilderungen von Susanne Dreß über Dietrichs Kritik an den Einkünften des Vaters[184] oder über seinen erfolgreichen Kampf gegen die weihnachtliche Gänseleberpastete[185] entnehmen können.

Freimut ist ein weiteres Beispiel für den Zusammenhang zwischen Dietrichs Bonhoeffers Biographie und Theologie. Im Hinblick auf die gemeinsamen literarischen Produktionen der beiden Geschwister bemerkt Susanne: „Ich hatte immer nur die Sorge, dass Dietrich für die Erwachsenen zu frei dichtete und dachte."[186] Ja, er *dichtete* nicht nur frei, sondern er *dachte* auch frei – und hätte er seine Gedanken nicht ausgesprochen, so hätte er sie doch gehegt, denn Dietrich Bonhoeffer war von seinem ganzen Wesen her ein

Freidenker und *Querdenker*. Kein ‚Querkopf', der aus Prinzip die Dinge anders sehen und machen wollte als die Leute um ihn herum, aber ein Mensch, der in seinem Urteil zutiefst unabhängig war und deshalb oftmals zu (Ent)Schlüssen kam, die von der Mehrheitsmeinung abwichen. Dies traf nicht nur auf seine große Lebensentscheidung zu, in die Opposition gegen das Nazi-Regime zu gehen, sondern es lässt sich an vielen weiteren Beispielen aufzeigen: Mit seiner Berufswahl, Theologe zu werden, erwies er sich gegenüber seinem Vater und den älteren Brüdern als eigenständig; an der Berliner Theologischen Fakultät, die ganz durch den liberalen Kulturprotestantismus geprägt war, entdeckte er die dialektische Theologie Karl Barths für sich; als Anhänger Karl Barths scheute er nicht vor einer unvoreingenommenen Auseinandersetzung mit dessen Gegenspieler Bultmann zurück; lange Zeit bevor die ökumenische Bewegung allgemein Anerkennung fand, lernte er auf seiner Romreise viele Praktiken der katholischen Kirche zu schätzen; in einer Zeit des militärischen Gehorsams, in der selbst Gegner Hitlers wie etwa die christlichen Vertreter des pommerschen Landadels es für unausweichlich hielten, ihre ‚militärische Pflicht' zu erfüllen, entschloss sich Dietrich Bonhoeffer zur Kriegsdienstverweigerung; schließlich sprach er ein Ja zum Tyrannenmord, wurde Doppelagent und schloss sich dem politischen Widerstand an … Diese Aufzählung von *Bonhoeffers Nonkonformismus* ließe sich noch um viele weitere Beispiele vermehren (und deshalb erscheint es mir zweifelhaft, ob ihm unter anderen Zeitumständen tatsächlich – wie oftmals behauptet wird – ohne weiteres eine glänzende wissenschaftliche bzw. kirchliche Karriere offen gestanden hätte). Als ‚Querdenker' und ‚Hellseher' war Dietrich Bonhoeffer ein moderner ‚Prophet',[187] und er sah vieles voraus, was sich erst im Lauf der Zeit als wahr herausstellte; deshalb ist es kein Wunder, dass er erst *postum* populär geworden ist.

Dietrich Bonhoeffer war ein Gelehrter, und dies kann man nicht werden ohne Lektüre. Wir wissen von Bonhoeffers *Gelehrsamkeit* und Belesenheit (die sich keineswegs auf theologische Fachliteratur beschränkte, sondern Belletristik mit einschloss) durch seine Briefe aus dem Gefängnis, wo er immer wieder neue Bücher erbat und die gelesenen kommentierte. Und wir wissen davon aus den Lebenserinnerungen von Susanne Dreß, wenn sie schreibt:

„Niemand aus meiner Klasse hatte auch nur annähernd so viel gelesen [wie sie selbst] – während Dietrich mich noch wegen manchem, was ich nicht kannte, belächelte. Ich griff somit bald nach allem, was er hatte."[188]

Dietrich Bonhoeffer war ein ‚Mann der Tat', er engagierte sich für die Menschen in seinem Umfeld und ihre Beziehungen – auch das hat nicht nur mit seiner Biographie, sondern mit seiner Theologie zu tun. Über Bonhoeffers *Tatkraft* erfahren wir vieles ganz beiläufig in Susannes Lebenserinnerungen: *Er* war es unter den vielen Familienmitgliedern, der Susanne ausrichtete, dass ihr zukünftiger Verlobter Walter den aufwändig vorbereiteten Ball abgesagt hatte;[189] er war es, der sich vor unliebsamen Pflichten wie den Universitäts-Tanzfesten nicht drückte;[190] er war derjenige, der Susannes heimliche Verlobung sofort bemerkte und ihr hilfreiche Ratschläge gab, wie man nun mit der Situation umgehen könne (obwohl er diese Verlobung noch am Vorabend mit allen Mitteln zu vereiteln gesucht hatte).[191]

Dietrich Bonhoeffer war angesichts der ungerechten Angriffskriege Hitler-Deutschlands Pazifist, aber er hatte *Kampfgeist* und ließ sich keineswegs alles gefallen (was ihm während seiner Zeit im Gefängnis sehr zustatten kam und den Respekt seiner Wärter einbrachte). So berichtet Susanne davon, wie ihr Bruder einem Einbrecher im Haus an die Kehle sprang[192] und wie er bei ihrer gemeinsamen Heidewanderung die Führung übernahm und sich gegen Anfeindungen selbstbewusst zur Wehr setzte.[193]

Und natürlich sind es vor allem die gemeinsamen Gespräche über den christlichen *Glauben*, wo die biographischen Notizen von Susanne Dreß etwas von Dietrich Bonhoeffers Theologie erschließen.

„Dass der Tod in seiner trostlosen Schwere nicht mehr gilt; dass Gott, den wir auf dieser Welt nicht wollen und deshalb umbringen, doch lebendig bleibt; dass die Geschichten von der Auferstehung wunderschön sind und es auf das Gleiche hinauskommt, ob sie stimmen oder miteinander übereinstimmen, weil viel wichtiger ist, dass die Menschen damals merkten: Jesus ist nicht erledigt, sondern jetzt geht es erst richtig los, weil der Tod tot ist – das war der Inhalt unserer Unterhaltungen auf meinen Osterspaziergängen mit Dietrich."[194]

Anhang

Literaturverzeichnis

BETHGE, EBERHARD: Dietrich Bonhoeffer. Theologe – Christ – Zeitgenosse. Eine Biographie, Gütersloh [9]2005

BETHGE, EBERHARD/BETHGE, RENATE (Hg.): Letzte Briefe im Widerstand. Aus dem Kreis der Familie Bonhoeffer, München 1984

BETHGE, EBERHARD/BETHGE, RENATE/GREMMELS, CHRISTIAN (Hg.): Dietrich Bonhoeffer. Sein Leben in Bildern und Texten, München 1986

BONHOEFFER, DIETRICH: Ethik, Hg. TÖDT, ILSE u. a. (Dietrich Bonhoeffer Werke, Bd. 6), Gütersloh 2015 [Erstveröffentlichung 1949]

BONHOEFFER, DIETRICH: Fragmente aus Tegel, Hg. BETHGE, RENATE/TÖDT, ILSE (Dietrich Bonhoeffer Werke, Bd. 7), Gütersloh 2015

BONHOEFFER, DIETRICH: Gemeinsames Leben. In: DERS.: Gemeinsames Leben. Das Gebetbuch der Bibel, Hg. MÜLLER, GERHARD LUDWIG/SCHÖNHERR, ALBRECHT (Dietrich Bonhoeffer Werke, Bd. 5), Gütersloh 2015, S. 13–102

BONHOEFFER, DIETRICH: Werke, Hg. BETHGE, EBERHARD u. a., 17 Bde., Gütersloh 2015

BONHOEFFER, DIETRICH: Widerstand und Ergebung. Briefe und Aufzeichnungen aus der Haft, Hg. GREMMELS, CHRISTIAN/BETHGE, EBERHARD/BETHGE, RENATE (Dietrich Bonhoeffer Werke, Bd. 8), Gütersloh 2015 [Erstveröffentlichung 1951]

BONHOEFFER, DIETRICH: Widerstand und Ergebung. Briefe und Aufzeichnungen aus der Haft. Vollständige Textausgabe, Hg. BETHGE, EBERHARD, Gütersloh [22]2005 [Erstveröffentlichung 1951]

BONHOEFFER, DIETRICH/WEDEMEYER, MARIA VON: Brautbriefe Zelle 92, Hg. BISMARCK, RUTH-ALICE/KABITZ, ULRICH, München 2006

DOHNANYI, HANS VON: »Mir hat Gott keinen Panzer ums Herz gegeben«. Briefe aus Militärgefängnis und Gestapo-Haft 1943–1945, Hg. MEYER, WINFRIED, München 2015

GRABNER, SIGRID/RÖDER, HENDRIK (Hg.): Emmi Bonhoeffer. Bewegende Zeugnisse eines mutigen Lebens, Reinbek 2006

KOSLOWSKI, JUTTA (Hg.): Aus dem Leben der Familie Bonhoeffer. Die Aufzeichnungen von Dietrich Bonhoeffers jüngster Schwester Susanne Dreß. Herausgegeben, eingeleitet und kommentiert von JUTTA KOSLOWSKI, Gütersloh 2018

KOSLOWSKI, JUTTA (Hg.): Das Bonhoeffer Weihnachtsbuch, Gütersloh 2019

LEIBHOLZ-BONHOEFFER, SABINE: Vergangen, erlebt, überwunden. Schicksale der Familie Bonhoeffer, Gütersloh [10]2005

MARSH, CHARLES: Dietrich Bonhoeffer. Der verklärte Fremde. Eine Biografie, Gütersloh 2015

METAXAS, ERIC: Bonhoeffer: Pastor, Agent, Märtyrer und Prophet, Holzgerlingen [7]2017

MEYER, DIETRICH/BETHGE, EBERHARD (Hg.): Nachlaß Dietrich Bonhoeffer. Ein Verzeichnis. Archiv – Sammlung – Bibliothek, München 1987

MOLTKE, HELMUTH JAMES VON/MOLTKE, FREYA VON: Abschiedsbriefe Gefängnis Tegel. September 1944 – Januar 1945, Hg. MOLTKE, HELMUTH CASPAR VON/MOLTKE, ULRIKE VON, München 2013

WIND, RENATE: Dem Rad in die Speichen fallen. Die Lebensgeschichte des Dietrich Bonhoeffer, Gütersloh [9]2015

WIND, RENATE/KUCH, MICHAEL: Dietrich Bonhoeffer und Maria von Wedemeyer – die Geschichte einer Sehnsucht in Texten und Tönen, Gütersloh 2015

SCHLINGENSIEPEN, FERDINAND: Dietrich Bonhoeffer 1906–1945. Eine Biographie, München 2013

TIETZ, CHRISTIANE: Dietrich Bonhoeffer. Theologe im Widerstand, München 2013

VISSTER'T HOOFT, WILLEM A. (Hg.): Das Zeugnis eines Boten. Zum Gedächtnis von Dietrich Bonhoeffer, Genf [1945]

WEDEMEYER, RUTH VON: In des Teufels Gasthaus. Eine preußische Familie 1918–1945, Hg. WEDEMEYER, PETER VON/ZIMMERLING, PETER, Moers [3]2004

ZIMMERMANN, WOLF-DIETER (Hg.): Begegnungen mit Dietrich Bonhoeffer. Ein Almanach, München [2]1965

ZIMMERMANN, WOLF-DIETER: Wir nannten ihn Bruder Bonhoeffer. Einblicke in ein hoffnungsvolles Leben, Berlin [2]1995

ZUTT, JÜRG/STRAUS, ERWIN/SCHELLER, HEINRICH (Hg.): Karl Bonhoeffer. Zum Hundertsten Geburtstag am 31. März 1968, Berlin 1969

Endnoten

1 Vgl. BONHOEFFER, DIETRICH: Widerstand und Ergebung. Briefe und Aufzeichnungen aus der Haft, Hg. GREMMELS, CHRISTIAN/BETHGE, EBERHARD/BETHGE, RENATE (Dietrich Bonhoeffer Werke, Bd. 8), Gütersloh 2015 [Erstveröffentlichung 1951], S. 336: „Es kommt wohl nur darauf an, ob man dem Fragment unseres Lebens noch ansieht, wie das Ganze eigentlich angelegt und gedacht war und aus welchem Material es besteht."

2 Wenn kein Vorname hinzugefügt wird, ist im Folgenden Dietrich Bonhoeffer gemeint.

3 MEYER, DIETRICH/BETHGE, EBERHARD (Hg.): Nachlaß Dietrich Bonhoeffer. Ein Verzeichnis. Archiv – Sammlung – Bibliothek, München 1987.

4 BONHOEFFER, DIETRICH: Werke, Hg. BETHGE, EBERHARD u. a., 17 Bde., Gütersloh 2015. – Im Folgenden zitiert als DBW.

5 BETHGE, EBERHARD: Dietrich Bonhoeffer. Theologe – Christ – Zeitgenosse. Eine Biographie, Gütersloh [9]2005.

6 SCHLINGENSIEPEN, FERDINAND: Dietrich Bonhoeffer 1906–1945. Eine Biographie, München [3]2013.

7 Z. B. TIETZ, CHRISTIANE: Dietrich Bonhoeffer. Theologe im Widerstand, München 2013; WIND, RENATE: Dem Rad in die Speichen fallen. Die Lebensgeschichte des Dietrich Bonhoeffer, Gütersloh [9]2015 u. v. a.

8 METAXAS, ERIC: Bonhoeffer: Pastor, Agent, Märtyrer und Prophet, Holzgerlingen [7]2017.

9 MARSH, CHARLES: Dietrich Bonhoeffer. Der verklärte Fremde. Eine Biografie, Gütersloh 2015.

10 Vgl. Joh 15, 13: „Niemand hat größere Liebe als die, dass er sein Leben hingibt für seine Freunde."

11 KOSLOWSKI, JUTTA (Hg.): Aus dem Leben der Familie Bonhoeffer. Die Aufzeichnungen von Dietrich Bonhoeffers jüngster Schwester Susanne Dreß. Herausgegeben, eingeleitet und kommentiert von JUTTA KOSLOWSKI, Gütersloh 2018. – Im Folgenden zitiert als: ADL.

12 KOSLOWSKI, JUTTA: Einleitung. In: ADL, S. XI–LVI.

13 Dietrich wies seinen Studienfreund Walter Dreß seiner Schwester

Susanne als Tischherrn zu, als sie sich im Januar 1926 das erste Mal bewusst auf einem Studentenball begegneten (ADL, S. 422). Kurze Zeit darauf organisierte Dietrich eine gemeinsame mehrtägige Wanderung durch die Heide, bei der Susanne und Walter ein Paar wurden (ADL, S. 423). Wieder ein paar Wochen später lud Dietrich Susanne ein, Walter und ihn über Pfingsten nach Friedrichsbrunn zu begleiten (ADL, S. 427). Dietrichs Vorhaben, sich dort mit Theologie zu beschäftigen, wurde von den frisch Verliebten durchkreuzt: „Dietrich will wirklich arbeiten – Walter nicht." (ADL, S. 428). Als Susanne ihren 18. Geburtstag feierte, bemühte sich Dietrich nach Kräften darum, die Verlobung von Susanne und Walter zu verhindern (ADL, S. 430) – die heimliche Verlobung fand dann am nächsten Tag statt. Alle vier Bonhoeffer-Töchter heirateten früh und schlossen keine Berufsausbildung ab; der Vater Karl Bonhoeffer fand mit seinem Grundsatz ‚keine Heirat vor dem 25. Geburtstag' kein Gehör.

14 So schreibt Susanne Dreß etwa über ein Passionsspiel, dass sie bei einem Besuch in Dietrichs Gemeinde in London kennen gelernt hatte: „Seit 1946 wurde dieses Passionsspiel jedes Jahr in der Annen-Kirche aufgeführt – für mich selbst immer eine Art von Gedächtnisfeier für Dietrich." (ADL, S. 782).

15 Vgl. ADL, S. 67, 98 f., 211, 214 f., 223, 227, 265 f., 295 f., 303 u. ö.

16 ADL, S. 22, 33, 183, 314, 437.

17 ADL, S. 12.

18 ADL, S. 13.

19 Vgl. z. B. Dietrichs Weihnachtsbrief an seine Eltern vom 17. Dezember 1943, in dem er schreibt, dass seine eigene „Haltung nur ein geistiges Erbstück von Euch ist" und fortfährt: „In solchen Zeiten erweist es sich eigentlich erst, was es bedeutet, eine Vergangenheit und ein inneres Erbe zu besitzen, das von dem Wandel der Zeiten und Zufälle unabhängig ist. Das Bewusstsein, von einer geistigen Überlieferung, die durch Jahrhunderte reicht, getragen zu sein, gibt einem allen vorübergehenden Bedrängnissen gegenüber das sichere Gefühl der Geborgenheit." (DBW 8, S. 240). Vgl. auch den Schlüsselsatz von Christoph in Dietrich Bonhoeffers Drama (‚Fragmente aus Tegel'): „Unsere Selbstverständlichkeiten sind von vielen Generationen erprobt, sie

sind hundert- und tausendmal am Leben bewährt." (DBW 7, S. 68). Und Heinrichs Entgegnung an Christoph: „Ihr habt ein Fundament, ihr habt Boden unter den Füßen, ihr habt einen Platz in der Welt, für euch gibt es Selbstverständlichkeiten, für die ihr einsteht und für die ihr euch auch ruhig den Kopf abschlagen lassen könnt, weil ihr wisst, dass eure Wurzeln so tief liegen, dass sie wieder treiben werden." (DBW 7, S. 69).

20 Vgl. SCHLINGENSIEPEN: Dietrich Bonhoeffer, S. 195. Vgl. auch ADL, S. 315, wo Susanne von der „ungewöhnlich kräftigen Muskulatur" Dietrichs berichtet.

21 Kapitel 1.4., ADL, S. 22–44.

22 ADL, S. 30–32.

23 Sie spielten nicht nur im Sandkasten (ADL, S. 128), sondern auch im Puppenhaus (ADL, S. 123). Gemeinsam pflegten sie die Freundschaft zu den unmittelbaren Nachbarskindern Maria und Günther (Bubi) Weigert (ADL, S. 288 f.). Später durchstreiften Dietrich und Susanne als Jugendliche das einsame Grunewalder Fenn (ADL, S. 144). Als beide bereits erwachsen waren, bekamen sie von ihren Eltern ein gemeinsames Faltboot geschenkt, in dem sie unvergessliche Stunden an der Jungfern-Insel auf der Havel bei Potsdam verbrachten (ADL, S. 147). Auch wenn die Geschwister als Gruppe unterwegs waren, ist es vor allem Dietrich, dessen Nähe sie sucht. So berichtet sie etwa von den gemeinsamen Schlittenfahrten im Grunewald: „Ich schloss mich an, wo ich am wenigsten störte – meistens bei Dietrich." (ADL, S. 154).

24 Apropos ‚Bild': Über Dietrichs Aussehen wird bei Susanne (im Gegensatz zu ihrer facettenreichen Charakterschilderung) nur wenig gesagt; dieses Wenige deckt sich auch hier vollständig mit anderen Quellen. So berichtet sie davon, wie sie als Kind neben ihrer mit Näharbeit beschäftigten Mutter saß und Familienfotos betrachtete, die in einem alten Kartentisch aufbewahrt wurden. „Alle Freundinnen wundern sich, dass Dietrich so lange Haare trägt und Kleidchen und wie ein Mädchen aussieht – aber das war noch vor Kurzem so, erklärt meine Mutter, dass die kurzen Hosen schon eine Aufstiegstufe in der Entwicklung waren." (ADL, S. 259). Da hatte Susanne wohl jene

später berühmt gewordenen Fotografien in der Hand, die Dietrich als langhaarigen Blondschopf in weißem Kleid zeigen – vgl. BETHGE, EBERHARD/BETHGE, RENATE/GREMMELS, CHRISTIAN (Hg.): Dietrich Bonhoeffer. Sein Leben in Bildern und Texten, München 1986, S. 28 und 30. Auch von der ‚Entwicklungsstufe' der kurzen Hosen sind etliche Fotografien erhalten geblieben – vgl. ebd., S. 27 und 29; sie zeigen allesamt Dietrich in Lederhosen, was sich wiederum mit Susannes Schilderung deckt (ADL, S. 263).

25 Susanne berichtet etwa davon, dass der berühmte Theologe Adolf von Harnack, der in der Nachbarschaft von Familie Bonhoeffer im Grunewaldviertel wohnte, „Dietrich und Ursel am meisten liebte". (ADL, S. 68). Auch Susannes Freundinnen schwärmten für den gutaussehenden großen Bruder; so schreibt Susanne über ihre langjährige Freundin Jutta von Drigalski, dass diese die Werbung von allen Liebhabern zurückwies. „Nur für Dietrich hatte sie (wie alle meine Freundinnen) ein Gefühl der Zuneigung – was er aber nicht erwiderte." (ADL, S. 517). Und von einer anderen Freundin, Bärbel Schröter, bemerkt Susanne: „Sie hatte ihr Theologiestudium damals unter Dietrichs Einfluss oder Eindruck begonnen und war ihm (wenngleich mit dem Abstand, den man damals einzuhalten pflegte) doch sehr verbunden gewesen." (ADL, S. 669). Über Herrn Kappus, der sich nach Kriegsende als einer der zahlreichen ehrenamtlichen Helfer in der Kirchengemeinde Dahlem engagierte, wird gesagt: Es „waren Beziehungen entstanden, die noch dadurch verstärkt wurden, dass Herr Kappus früher der sehr geschätzte Lehrer von Dietrich und meiner Schwester Christel auf dem Grunewald-Gymnasium gewesen war und er sich an beide noch deutlich und gerne erinnerte." (ADL, S. 740).

26 ADL, S. 162 f.

27 ADL, S. 75.

28 ADL, S. 318.

29 ADL, S. 100.

30 ADL, S. 113

31 ADL, S. 181.

32 ADL, S. 20.

33 ADL, S. 102.

34 ADL, S. 179.
35 ADL, S. 323 f.
36 ADL, S. 440.
37 ADL, S. 426.
38 ADL, S. 347 f.
39 ADL, S. 57.
40 ADL, S. 184 f.
41 ADL, S. 450.
42 ADL, S. 431.
43 ADL, S. 344.
44 So fasst sie ihr Urteil über den Mathematiklehrer ihres Sohnes Andreas in der niederschmetternden Behauptung zusammen, dass er „im Unterricht hauptsächlich darauf Wert legte, dass die Sieben ohne Strich geschrieben würde" (ADL, S. 818). Auch Prominenten wie dem späteren Kirchenpräsident Martin Niemöller gegenüber übte sie keine Zurückhaltung; über ihn sagte sie, dass er bei seinem dominanten Verhalten in der Dahlemer Gemeinde „immer noch nicht den U-Boot-Kommandanten ablegen konnte" und sich als „Kaiser Niemöller" aufspielte (ADL, S. 823).
45 Eine kritische Stellungnahme (etwa in Bezug auf ihren Vater Karl Bonhoeffer und sein psychiatrisches Gutachten über Marinus van der Lubbe im Zusammenhang mit dem Reichstagsbrand, seine Mitwirkung an NS-Gutachten zur Zwangssterilisierung oder seine Zurückhaltung gegenüber dem staatlichen Euthanasieprogramm) sucht man in den Lebenserinnerungen von Susanne Dreß vergeblich.
46 ADL, S. 29.
47 ADL, S. 357.
48 Ebd.
49 ADL, S. 34.
50 Dietrich Bonhoeffer hatte zunächst mit dem Gedanken gespielt, eine Laufbahn als Berufsmusiker anzustreben, bevor er sich im Alter von zwölf Jahren unter dem Eindruck des Todes seines älteren Bruders Walter (der 1918 im 1. Weltkrieg als Soldat gefallen war) entschloss, Pfarrer zu werden. Die musikalische Begabung war in der Familie

Bonhoeffer reichlich vorhanden und wurde auch an Susannes ältesten Sohn Michael vererbt, der Pianist wurde.

51 ADL, S. 23.

52 ADL, S. 278.

53 ADL, S. 278–280.

54 ADL, S. 41.

55 ADL, S. 299.

56 ADL, S. 301.

57 ADL, S. 103 f.

58 ADL, S. 377. An weiteren Hinweisen auf Dietrichs Klavierspiel vgl. ADL, S. 194 und S. 474.

59 ADL, S. 168.

60 Vgl. z. B. das Foto in BETHGE: Dietrich Bonhoeffer. Sein Leben in Bildern, S. 46.

61 ADL, S. 298 f.

62 ADL, S. 268.

63 ADL, S. 268 f. In den Anmerkungen der Buchausgabe werden die zahlreichen Anspielungen näher erläutert.

64 ADL, S. 280 f.

65 Vgl. Bonhoeffer: Widerstand und Ergebung; BONHOEFFER, DIETRICH/WEDEMEYER, MARIA VON: Brautbriefe Zelle 92, Hg. BISMARCK, RUTH-ALICE/KABITZ, ULRICH, München 2006. Bonhoeffers Interesse an Literatur fällt besonders auf, wenn man diesen Briefwechsel mit ähnlichen Texten vergleicht, etwa der Korrespondenz zwischen Helmuth James und Freya von Moltke, wo von solchen Themen kaum die Rede ist. MOLTKE, HELMUTH JAMES VON/MOLTKE, FREYA VON: Abschiedsbriefe Gefängnis Tegel. September 1944 – Januar 1945, Hg. MOLTKE, HELMUTH CASPAR VON/MOLTKE, ULRIKE VON, München 2013.

66 Vgl. ADL, S. 295.

67 ADL, S. 284.

68 Dieses Stück ist erhalten geblieben und befindet sich heute im Bonhoeffer-Archiv der Staatsbibliothek Berlin.

69 ADL, S. 265 f.

70 ADL., S. 169 f.

71 ADL, S. 3.
72 ADL, S. 251–243.
73 ADL, S. 251.
74 ADL, S. 385.
75 ADL, S. 15.
76 ADL, S. 251.
77 ADL, S. 254 f.
78 ADL, S. 31.
79 ADL, S. 332.
80 ADL, S. 340 f.
81 Susanne setzte nach dem 2. Weltkrieg als Pfarrfrau in Dahlem die Tradition solcher rauschenden Feste fort; gegen Vorwürfe aus frommen Kreisen, dass im Pfarrhaus zu viel gefeiert werde, verwahrte sie sich mit der Begründung, dass Pfarrer ja schließlich „in der ‚Vergnügungsbranche' tätig" seien. (ADL, S. 712).
82 ADL, S. 314 f
83 ADL, S. 316.
84 ADL, S. 319 f.
85 Vgl. z. B. die eindrucksvolle Schilderung ihres Bekehrungserlebnisses am 20. März 1924 (ADL, S. 393 f.). Auch Dietrich Bonhoeffer hatte während seines USA-Aufenthalts 1930/31 eine Art von Bekehrung erlebt; wenngleich er sich (entsprechend der familiären Gepflogenheit und seines eigenen Charakters) zurückhaltend darüber äußerte, so sprach er in einem Brief an seine langjährige Freundin Elisabeth Zinn von seiner „Befreiung" durch die Bibel, die sein „Leben bis heute verändert hat und herumgeworfen hat. [...] Seitdem ist alles anders geworden." (DBW 14/I, S. 113). Zu Elisabeth Zinn vgl. auch ADL, S. 67. Dort beschreibt Susanne die Tochter ihrer Tante Helene Schöne so: „Die Älteste, Elisabeth, war nur wenig älter als ich. Sie war so gut in der Schule, so hübsch, so liebenswert, so ohne jede Boshaftigkeit, fleißig und bescheiden, dass ich mit ihr nicht recht warm werden konnte. Dafür schloss sie sich mehr Dietrich an."
86 Kapitel 4.2 ‚Religion und Glaube in der Familie Bonhoeffer', ADL, S. 382–421.
87 ADL, S. 249.

88 Vgl. Brief von Karl Bonhoeffer an Dietrich Bonhoeffer vom 2. Februar 1934. In: DBW 13, S. 90.

89 ADL, S. 382.

90 ADL, S. 119.

91 „Noch als ich mit dreizehn Jahren in das neunte Schuljahr kam, war ich ein stolzer Rebell und wurde auf Ersuchen der Klassengenossen vom Religionsunterricht dispensiert, weil ich die ganze Stunde lang redete und protestierte." (ADL, S. 393).

92 ADL, S. 392 f.

93 Hermann Priebe (1871–1961).

94 ADL, S. 394 f.

95 „Der Pfarrer sprach über die Sorge vor Ansteckungsgefahr und die hygienischen Maßnahmen dagegen, wenn man mit anderen aus einem Becher tränke. Er riet uns, am besten nur eine kleine Menge zu nehmen, um uns nicht zu verschlucken, und dass wir darum die Oblate gleich an den Gaumen drücken sollen. Es ist ein Wunder, dass er es nicht zuvor mit uns eingeübt hat (wie das Hinknien vor dem Altar zum Zweck der Einsegnung bei der Konfirmationsfeier). Natürlich müsse man schwarz gekleidet kommen – das war's." (ADL, S. 398).

96 ADL, S. 398.

97 ADL, S. 398 f.

98 ADL, S. 399.

99 Ebd.

100 ADL, S. 406.

101 Vgl. BONHOEFFER, DIETRICH: Gemeinsames Leben. In: DERS.: Gemeinsames Leben. Das Gebetbuch der Bibel, Hg. MÜLLER, GERHARD LUDWIG/SCHÖNHERR, ALBRECHT (Dietrich Bonhoeffer Werke, Bd. 5), Gütersloh 2015, S. 13–102, hier S. 102.

102 Tatsächlich hat er bereits im frühen Alter von sechzehn Jahren das Abitur bestanden; vgl. ADL, S. 114.

103 ADL, S. 385.

104 ADL, S. 389.

105 ADL, S. 389.

106 ADL, S. 400 f. Vgl. auch ADL, S. 202.

107 ADL, S. 410. – Die Tatsache, dass dieser Martin Luther zugeschriebene Aphorismus wohl kaum von ihm stammt, tut der Wirksamkeit dieses Ratschlages keinen Abbruch (sagt aber etwas über Bonhoeffers Hochschätzung für die lutherische Theologie aus).

108 ADL, S. 419.

109 „Alles ist euer, ihr aber seid Christi" (1. Kor 3, 22, 23), vgl. ADL, S. 446.

110 ADL, S. 516.

111 ADL, S. 515.

112 Der Pfarrdienst in London war die einzige Zeit, in der Dietrich Bonhoeffer verantwortlich eine Gemeinde leitete; 1928/29 während seines Auslandsvikariats in Barcelona stand er unter der Aufsicht seines Lehrpfarrers Fritz Olbricht, und nach seiner Rückkehr aus London übernahm er 1935 für die Bekennende Kirche die Ausbildung im Predigerseminar Finkenwalde.

113 Zu Dietrichs Großzügigkeit, mit der er Susanne und Walter in London eingeladen hatte, vgl. auch ADL, S. 498.

114 ADL, S. 494–497.

115 Vgl. BONHOEFFER, DIETRICH: Ethik, Hg. TÖDT, ILSE u.a. (Dietrich Bonhoeffer Werke, Bd. 6), Gütersloh 2015.

116 ADL, S. 177 f.

117 ADL, S. 16 f.

118 ADL, S. 197.

119 ADL, S. 388 f.

120 ADL, S. 425.

121 ADL, S. 425 f.

122 ADL, S. 570 f.

123 ADL, S. 72.

124 ADL, S. 73.

125 ADL, S. 129 f.

126 „Der Krieg war zu Ende. Dass er kein Spiel ist, wurde uns mit dem Tod von Walter klar, der wenige Wochen nach unserer letzten großen Gartenschlacht fiel. Wir hörten auf, Krieg zu spielen." (ADL, S. 130 f.).

127 Susanne berichtet darüber in einer Bemerkung über den August 1938, zwanzig Jahre später, als die Eltern in Sorge um ihre Kinder waren, vor allem um die Tochter Sabine, deren Emigration nach England

unmittelbar bevorstand – „und da sie ganz fest mit einem Krieg rechneten auch die Befürchtung, wie sich Dietrich als Kriegsdienstverweigerer verhalten würde." (ADL, S. 527).

128 ADL, S. 506. – Der Name ‚Seeberg' wurde im Manuskript von Susanne Dreß abgekürzt – wie an zahlreichen weiteren Stellen, wo sie eine Person, über die Unvorteilhaftes berichtet wird, nicht bloßstellen will.

129 ADL, S. 516.

130 ADL, S. 564.

131 ADL, S. 512.

132 ADL, S. 555.

133 Ein Cousin von Paula Bonhoeffer, damals Stadtkommandant in Berlin. Er gehörte zur Widerstandsgruppe des 20. Juli und wurde am 8. August 1944 in Berlin-Plötzensee hingerichtet.

134 ADL, S. 567–569.

135 ADL, S. 570.

136 ADL, S. 571 und 586.

137 ADL, S. 571 f.

138 BONHOEFFER, DIETRICH/WEDEMEYER, MARIA VON: Brautbriefe Zelle 92, Hg. BISMARCK, RUTH-ALICE/KABITZ, ULRICH, München 2006. Vgl. auch WIND, RENATE/KUCH, MICHAEL: Dietrich Bonhoeffer und Maria von Wedemeyer – die Geschichte einer Sehnsucht in Texten und Tönen, Gütersloh 2015.

139 ADL, S. 575 f.

140 Dietrich Bonhoeffer: Brief aus dem Gefängnis in Tegel an die Eltern Karl und Paula Bonhoeffer vom 22. Oktober 1943. In: DBW 8, S. 174 f.

141 ADL, S. 589 f.

142 ADL, S. 579.

143 ADL, S. 585 f.

144 ADL, S. 592.

145 An dieser Stelle stehen mehrere unleserlich gemachte Wörter im Manuskript.

146 Vgl. LEIBHOLZ-BONHOEFFER, SABINE: Vergangen, erlebt, überwunden. Schicksale der Familie Bonhoeffer, Gütersloh [10]2005, S. 50.

147 ADL, S. 600 f.

148 Ferdinand Sauerbruch (1875–1951) war einer der bedeutendsten Chirurgen des 20. Jahrhunderts und als Arzt für die Familie Bonhoeffer tätig. Er hatte dafür gesorgt, dass Hans von Dohnanyi aufgrund seiner Erkrankung vom Gefängnis Moabit ins Reservelazarett der Charité verlegt worden ist.

149 Vgl. BETHGE, EBERHARD/BETHGE, RENATE (Hg.): Letzte Briefe im Widerstand. Aus dem Kreis der Familie Bonhoeffer, München 1984, S. 46–56; GRABNER, SIGRID/RÖDER, HENDRIK (Hg.): Emmi Bonhoeffer. Bewegende Zeugnisse eines mutigen Lebens, Reinbek 2006, S. 41–46.

150 ADL, S. 605–608.

151 ADL, S. 623.

152 ADL, S. 626.

153 ADL, S. 626 f.

154 ADL, S. 637 f.

155 ADL, S. 646 f.

156 ADL, S. 638.

157 Vgl. DBW 8, S. 248: „(Übrigens, wenn ich mal begraben werde, dann möchte ich gern, dass das ‚Eins bitte ich vom Herren' und ‚Eile, mich, Gott, zu erretten' und ‚O bone Jesu' gesungen wird.)" Es handelt sich bei allen drei Stücken um Werke des Komponisten Heinrich Schütz (1585–1672): SWV Nr. 294, Nr. 282 und Nr. 285.

158 ADL, S. 671 f.

159 ADL, S. 704 f.

160 ADL, S. 682.

161 ADL, S. 726.

162 ADL, S. 678.

163 ADL, S. 732.

164 ADL, S. 782.

165 ADL, S. 803.

166 ADL, S. 805.

167 ADL, S. 508.

168 Es gibt lediglich ein Foto von Susannes eigener Taufe – darauf ist das Taufkleid jedoch nicht zu sehen, weil es von einem Steckkissen verborgen ist. Vgl. BETHGE: Dietrich Bonhoeffer. Sein Leben in Bildern, S. 30.

169 ADL, S. 311.

170 ADL, S. 88.

171 Vgl. das Charakterbild von Karl Bonhoeffer aus der Feder von Dietrichs Zwillingsschwester Sabine: „Er sprach wenig, und wir entnahmen sein Urteil einem erstaunten Blick, einem Spaß, gelegentlich auch einem leicht mokanten Lächeln. Außergewöhnlich war sein klares Auge für das Echte, Spontane, Schöpferische. [...] Er hoffte vor allem, dass wir einmal Wesentliches von Unwesentlichem zu unterscheiden lernen und unsere Grenzen erkennen würden. Seine große Toleranz verstellte der Borniertheit den Weg und weitete unser Haus. [...] Seine Ablehnung der Phrase hat manchen von uns zu Zeiten einsilbig und unsicher gemacht, aber erreicht, dass wir als Heranwachsende an Schlagwörtern, Geschwätz, Gemeinplätzen und Wortschwall keinen Geschmack mehr fanden. Ein Schlagwort oder ein Modewort hätte er nie benutzt." LEIBHOLZ-BONHOEFFER: Vergangen, erlebt, überwunden, S. 23 f.

172 ADL, S. 370.

173 ADL, S. 381.

174 ADL, S. 423 f.

175 Vgl. BETHGE, EBERHARD: Mein Freund Dietrich Bonhoeffer. In: GREMMELS, CHRISTIAN/HUBER, WOLFGANG (Hg.): Theologie und Freundschaft. Wechselwirkungen: Eberhard Bethge und Dietrich Bonhoeffer, München 1994, S. 13–28.

176 ADL, S. 451.

177 Vgl. Bonhoeffer: Fragmente aus Tegel (DBW 7).

178 Das erste Mal im Konfirmationsalter, als er sich dazu entschloss, Theologie zu seinem Beruf zu machen. Das zweite Mal während seines Studienaufenthaltes in Amerika, als er seine Hinwendung zur Bibel und zu einer persönlichen Frömmigkeit vollzog. Und das dritte Mal, als er von den Nazis inhaftiert war und sich intensive Gedanken über das herauskommende ‚religionslose Zeitalter' und die ‚nichtreligiöse' Rede von Gott machte. Neben diesen großen ‚Bekehrungen' lassen sich noch weitere kleinere Kehrtwendungen erkennen – etwa diejenige, die er nach seiner Rückkehr aus den USA vollzog, als er Karl Barth aufsuchte und seine Theologie für sich entdeckte.

179 Vgl. z. B. Bonhoeffers Rede auf der ökumenischen Jugendkonferenz des Weltbundes für Freundschaftsarbeit der Kirchen am 28. August 1934 im dänischen Fanø ‚Die Kirche und die Welt der Nationen'. In: DBW 13, S. 298–301.

180 „Dietrich war noch am ehesten für Fähnchen und harmlose patriotische Belange zu gewinnen, und er nahm Sabine ins Schlepptau." (ADL, S. 72).

181 Bonhoeffer: Ethik (DBW 6) [Erstveröffentlichung 1949].

182 „Manchmal denke ich, ich hätte nun eigentlich mein Leben mehr oder weniger hinter mir und müsste nur noch meine Ethik fertigmachen." Dietrich Bonhoeffer: Brief aus dem Gefängnis in Tegel an Eberhard Bethge vom 15. Dezember 1943. In: DBW 8, S. 237.

183 Vgl. z. B. Bonhoeffers Diktum „Nur wer für die Juden schreit, darf auch gregorianisch singen" oder die berühmten Worte in seinem Brief an Eberhard Bethge nach dem Scheitern des Attentats vom 20. Juli 1944: „Ich dachte, ich könnte glauben lernen, indem ich selbst so etwas wie ein heiliges Leben zu führen versuchte. […] Später erfuhr ich und ich erfahre es bis zur Stunde, dass man erst in der vollen Diesseitigkeit des Lebens glauben lernt. Wenn man völlig darauf verzichtet hat, aus sich selbst etwas zu machen – sei es einen Heiligen oder einen bekehrten Sünder oder einen Kirchenmann (eine sogenannte priesterliche Gestalt!), einen Gerechten oder einen Ungerechten, einen Kranken oder einen Gesunden – und dies nenne ich Diesseitigkeit, nämlich in der Fülle der Aufgaben, Fragen, Erfolge und Misserfolge, Erfahrungen und Ratlosigkeiten leben". (DBW 8, S. 542). Vgl. ebenso die Strophe ‚Tat' im Gedicht ‚Stationen auf dem Weg zur Freiheit' (DBW 8, S. 570–572).

184 ADL, S. 197.

185 ADL, S. 177 f.

186 ADL, S. 266.

187 Vgl. METAXAS, ERIC: Bonhoeffer: Pastor, Agent, Märtyrer und Prophet, Holzgerlingen [7]2017.

188 ADL, S. 295.

189 ADL, S. 314.

190 ADL, S. 318.

191 ADL. S, 431.
192 ADL, S. 440.
193 ADL, S. 425 f.
194 ADL, S. 389. Vgl. auch das Gespräch über die Bedeutung des Abendmahls anlässlich von Susannes Konfirmation (ADL, S. 398).

* Zitiert nach DBW Band 8, erschienen im Gütersloher Verlagshaus, 2011

1. Auflage 2020
Bestell-Nr. 835 253
ISBN 978-3-86334-253-1

Umschlaggestaltung: Gute Botschafter GmbH, Haltern am See
Lektorat: Sarah Koller
Satz: Greiner & Reichel, Köln
Druck und Verarbeitung: GGP Media GmbH, Pößneck
Printed in Germany

www.adeo-verlag.de